CLÁSSICOS E CONTEMPORÂNEOS DA FILOSOFIA POLÍTICA:

de Maquiavel a Antonio Negri

CLÁSSICOS E CONTEMPORÂNEOS DA FILOSOFIA POLÍTICA:
de Maquiavel a Antonio Negri

Guilherme Castelo Branco
Helton Adverse
(Orgs.)

© Relicário Edições
© Autores

CIP –Brasil Catalogação-na-Fonte | Sindicato Nacional dos Editores de Livro, RJ

> B816c
>
> Branco, Guilherme Castelo.
>
> Clássicos e contemporâneos da filosofia política: de Maquiavel a Antonio Negri / Organizadores: Guilherme Castelo Branco, Helton Adverse . – Belo Horizonte: Relicário, 2015.
>
> 180 p. : 15,5 x 22,5 cm
> Inclui bibliografia.
> ISBN 978-85-66786-14-9
>
> 1. Filosofia Política. 2. Maquiavel, Nicolau, 1469-1527. 3. Negri, Antonio, 1933-. I. Adverse, Helton. II. Título.
>
> CDD-320.01

CONSELHO EDITORIAL

Eduardo Horta Nassif (UFMG)
Ernani Chaves (UFPA)
Guilherme Paoliello (UFOP)
Gustavo Silveira Ribeiro (UFBA)
Luiz Rohden (UNISINOS)
Marco Aurélio Werle (USP)
Markus Schäffauer (Universität Hamburg)
Patrícia Lavelle (EHESS/Paris)
Pedro Sussekind (UFF)
Ricardo Barbosa (UERJ)
Romero Freitas (UFOP)
Virgínia Figueiredo (UFMG)

COORDENAÇÃO EDITORIAL Maíra Nassif Passos
PROJETO GRÁFICO & DIAGRAMAÇÃO Ana C. Bahia
REVISÃO Lucas Morais e Fernanda Cordeiro Lima

RELICÁRIO EDIÇÕES

www.relicarioedicoes.com
contato@relicarioedicoes.com

Apresentação **7**

Maquiavel hoje: o conflito e a Lei
Ana Zagari **9**

Arendt e o legado político de Cícero e Maquiavel
Beatriz Porcel **29**

Althusser leitor de Maquiavel: a prática política em questão
Julien Pallotta **39**

Foucault, Maquiavel e a Crítica da Razão Política Moderna
Helton Adverse **67**

"Viver perigosamente": Risco, perigo e liberdade no liberalismo clássico. Um olhar a partir da literatura e da filosofia política
Beatriz Dávilo **93**

Biopolítica e soberania em Foucault: uma resposta às críticas de Agamben e Esposito
André Duarte **113**

Militância e luta pela vida em tempos de biopoder
Guilherme Castelo Branco **127**

Rousseau e Sartre: para uma política da liberdade comum
André Barata **137**

Democracia absoluta: atualidade e desafios de um conceito clássico
Roberto Nigro **149**

Negri e a pergunta pelo comunismo
André Queiroz **165**

Autores **177**

APRESENTAÇÃO

Os textos que compõem este livro resultam, quase todos, de um evento acadêmico realizado no Instituto de Filosofia e Ciências Sociais (IFCS) da Universidade Federal do Rio de Janeiro (UFRJ) em novembro de 2013. O tema discutido era "Clássicos e Contemporâneos na Filosofia Política". A maioria das comunicações, agora transformadas em capítulos, atendia diretamente ao que era exigido na escolha do tema. Outras são mais "heterodoxas", preferindo ater-se a problemas atuais da Filosofia Política. Contudo, temos a impressão de que todas são, à sua maneira, sensíveis ao problema da relação entre Clássicos e Contemporâneos pelo seguinte motivo: um autor clássico é aquele que oferece a um autor contemporâneo a ocasião para manifestar sua capacidade reflexiva. É claro que, além disso, o autor considerado clássico deve receber a chancela da tradição, dar prova de resistência frente à passagem do tempo, encravar em nossa cultura um marco, uma referência que se tornará obrigatória em certos domínios de reflexão. Por outro lado – e os textos que estão reunidos neste livro o demonstram –, a primeira função do clássico é servir, ou ainda, dispor, preparar um campo de pensamento que, sem enquadrar a realidade, oferece ao contemporâneo um acesso até ela. Por isso, o clássico é sobretudo um companheiro, como bem havia notado Cícero. Aliás, são os romanos que inventaram essa distinção quando reconheceram nos gregos aqueles com os quais poderiam compreender sua própria realidade. Nas famosas *Tusculanae Disputationes*, Cícero faz um de seus "personagens" dizer que "prefere errar com Platão do que conhecer a verdade com estes" (I, 39). Os "estes" eram os pitagóricos, cuja doutrina acerca da morte deixava muito a desejar, seja no rigor filosófico, seja no que dizia respeito à natureza da alma. Preferir "errar com Platão" é a expressão clara da atitude que estabelecemos com os clássicos: não se trata de desprezar a verdade, mas de exercer o pensamento.

Esta passagem das *Tusculanas* era muito cara a Hannah Arendt, uma das autoras que aparecem nos textos deste livro. Em princípio, Arendt estaria do lado dos contemporâneos, assim como Foucault, Althusser, Sartre, Agamben, Negri, Esposito, todos eles aqui citados e comentados. Do lado dos clássicos estariam o próprio Cícero, Maquiavel e Rousseau. Contudo, temos a impressão de que este livro permite entender que a distinção é fluida, isto é, entre clássicos e contemporâneos não é possível estabelecer uma divisão precisa, como se fossem dois domínios claramente demarcados. Se o clássico é o companheiro de reflexão então está assegurada sua contemporaneidade. Aquilo que o torna clássico (logo, ao abrigo do poder do tempo) é precisamente aquilo que o inscreve no tempo presente e o atualiza. Por outro lado, o contemporâneo, na medida em que também dispõe um horizonte para a reflexão, já é um clássico. A pungência das questões presentes, o "calor da hora" na qual se forja o pensamento desses autores, anuncia a cristalização de um núcleo conceitual que tende a se assentar em nossa cultura filosófica.

Não seria demais lembrar que esse "embaralhamento" de clássicos e contemporâneos deve ser compreendido por referência àquilo que pensam, isto é, pelas questões que articulam. Clássicos e contemporâneos estão imbricados porque dirigem sobre o tempo presente um olhar investigativo, porque exercitam a curiosidade filosófica e dão vazão ao desejo de entender o atual, aquilo que acontece. É exatamente porque atualiza o ímpeto filosófico que um autor pode ser clássico e/ou contemporâneo. Como vemos nos textos que integram este livro, é a necessidade de refletir sobre os problemas políticos atuais que obriga os autores a convocar clássicos e contemporâneos: a biopolítica, a guerra, as formas de dominação, a democracia, a subjetividade política etc. As respostas que ensaiam são elas mesmas um exercício filosófico e, como tal, não pretendem ser verdadeiras ou falsas; antes, reivindicam o inacabamento da reflexão filosófica e não escondem a satisfação de estar em boa companhia.

Os organizadores gostariam de agradecer a todos aqueles que tornaram possível a publicação do livro. Primeiramente, aos colegas que participaram do Congresso Clássicos e Contemporâneos na Filosofia Política e todos aqueles que estiveram envolvidos em sua organização. Agradecemos também à CAPES, à FAPERJ, à PR3/UFRJ e ao Laboratório de Filosofia Contemporânea da UFRJ pelo imprescindível apoio.

MAQUIAVEL HOJE:
o conflito e a Lei[1]

Ana Zagari

Entre os séculos XIV e XV de nossa era, morria o mundo feudal e nascia a burguesia. Os preceitos sustentados pela Igreja e os valores transcendentes se confrontavam com o nascimento de um homem que comerciava por sua própria conta, que se deslocava por distintas geografias, interessado no lucro, no mundo dos negócios, da arrecadação fiscal, do sistema de crédito, da moeda.

As discussões que se apresentam nos séculos XV, XVI e XVII se complexificam e, ao mesmo tempo, voltam a produzir teorias éticas, sempre ligadas às novas formas de poder; um poder que, fundado em Deus e representado pelo Papa, desloca-se às classes comerciantes que se assentam nos *burgos*, as cidades, que necessitam autonomizar para si esse poder. A Europa assistirá ao renascimento da cidade e de sua figura política, o Estado.

Na cidade de Florença, em 1513, publica-se *O Príncipe*. Seu autor é Nicolau Maquiavel. A partir de uma posição que hoje pode ser chamada de diplomática, e muito distante dela, escreve a partir de um exílio involuntário na zona rural de Toscana "conselhos" a um príncipe cujo suporte teórico e prático estão dirigidos, por um lado, à conquista da unidade da Itália, algo que só se alcançará no século XIX, e, por outro, à defesa de sua cidade.

O Renascimento é uma etapa de passagem histórica entre uma modalidade hegemônica do poder, o feudo-imperial, e outra que prenuncia a constituição da figura do Estado-nação. As preocupações de Maquiavel, a lenta – mas firme – marcha da separação entre fé e razão, a figura do indivíduo fundante do contrato na teoria de Hobbes, um século mais tarde,

---

1. Traduzido do espanhol por Lucas Morais e revisado por Fernanda Cordeiro Lima.

são formas novas – políticas – que fazem renascer a cidade e, portanto, o cidadão que se chamará burguês.

Entre os valores da ordem feudal decadente e a incitação a uma volta ao Classicismo, em meio a guerras desiguais entre os pequenos principados, a França já unificada e um Papado que constantemente pretendia mais poder, gesta-se o pensamento do precursor da ciência política, que anuncia, com um século de antecedência, a revolução copernicana do homem. Isto é, o homem como sujeito da História e, portanto, como construtor do mundo, dos valores e de si mesmo.

Maquiavel, discutindo com a ordem religiosa feudal, elabora uma nova visão da vida humana na cidade e, desse modo, dá lugar ao surgimento da política moderna. Junto à expansão geográfica, organizam-se os Estados modernos, as monarquias nacionais e os impérios coloniais. Nesse contexto, o desejo de Maquiavel era o de consolidar o poder de Florença e conseguir a unidade da Itália. Ele compreendeu que seu projeto era irrealizável se se mantivesse a crença na ética universal do catolicismo que regia o mundo feudal que, em nome da religião, submetia a liberdade e a razão humanas. Essa ética era em si mesma uma estratégia de poder que subordinava a cidade terrestre à cidade celeste. Nesse sentido, o catolicismo se opunha ao projeto maquiavélico tanto quanto aos valores renascentistas, que colocavam o homem e sua cidade como centros de uma nova ordem.

O que é criticado em Maquiavel é sua indiferença moral, o que lhe permitiu aconselhar príncipes e governantes sobre o uso dos meios para conseguir seus objetivos políticos. Para Maquiavel, a moral é um fator de poder, uma construção que se reflete como algo universal, mas que é produto de um juramento de poder e de grupos em confronto: aqueles que vencem impõem suas concepções e as dão como universalmente válidas, hegemonia do poder estabelecida por quem o exerce. Esse modo da soberania como princípio constituinte do Estado moderno reflete também um giro copernicano na concepção de poder.

Quando terminava a Idade Média, as comunidades políticas que sobreviveram às lutas continuaram se chamando repúblicas. A Espanha e a França eram as mais consolidadas e adquiriram um forte caráter nacional, tal como hoje as conhecemos. Além disso, o poder da república, tanto no interior como no exterior, reveste-se de uma qualidade chamada soberania. A forma política dominante é a monarquia, exceto em algumas cidades da Itália, e isso como consequência do que os reis – sobretudo o da França

– levaram adiante nas lutas contra o poder espiritual, os senhores feudais e o império. A consequência foi que o poder público se centralizou. Mas, ainda nesse momento, todas as modificações estiveram tuteladas por um *dever ser* que provém da Cidade Celeste.

No século XVI, como um efeito do que se chamará Iluminismo Renascentista (Heller, 1995a), inicia-se a transformação geopolítica que dará lugar à criação dos Estados nacionais, à autonomia do poder temporal – político – em relação à ordem ética e jurídica proveniente do poder eclesiástico.

Essa batalha, que também se dá no campo do pensamento e das artes, introduz como princípio da organização política a soberania do poder temporal – humano –, sem subordinação ao poder celestial. O mal político de sua época era a falta de política. Em seus dias, Florença se encontrava à mercê dos desejos de anexação de Veneza, e dos de expansão da França, da Espanha, do Papado, etc.

Sendo Secretário da *Signoría*, Maquiavel teve de levar a cabo constantes negociações a partir de uma posição de debilidade política extrema. Teve de enfrentar mais de trinta missões frente aos poderosos daquele mundo, o que lhe permitiu refletir sobre a importância das relações diplomáticas. Em 1509, um fato de guerra o fez meditar sobre as milícias nacionais: a cidade de Pisa cedia diante das forças florentinas, que, por sua vez, alcançaram esse triunfo sem ajuda de tropas mercenárias. Estão em jogo a organização política de Florença e a necessidade de unificar a Itália. O princípio constituinte da ação do príncipe é o princípio da unidade geopolítica. A sabedoria do príncipe está diretamente relacionada ao mundo real da opinião, e não ao mundo das ideias. A *virtù* política se diferencia da virtude moral, pois deriva da ação, e sempre está a serviço do princípio da unidade. A *virtù* é a qualidade que um príncipe necessita para fundar um Estado. A *virtù* é, então, a capacidade racional e estratégica de medir e calcular – conhecer – o curso da História, possibilitando a ação oportuna do príncipe, tanto para a conquista como para a manutenção do poder.

A justiça, no campo da autonomia desse sujeito soberano, não é *a priori*, senão *a posteriori* e deriva da ação do soberano. O soberano funda um novo estado de coisas baseado na territorialidade e organiza um mundo regido pelo princípio de soberania territorial, que até o século XVI era inexistente.

Maquiavel fala da violência dos meios para se alcançar o fim – a unidade da Itália – e da legitimidade dessa violência para fundar um novo *stato* de coisas. Apesar das diferenças que se encontram nos autores que dele tratam, existe uma coincidência importante: é a que permite reconhecer em Maquiavel o precursor da concepção autônoma da política. Ele abre um campo inovador, que é o de interpretar o viver juntos a partir da autonomia da práxis política. O campo autônomo da política é um campo de conflito. A divisão está tão presente como a eterna divisão entre os que desejam dominar e os que desejam se libertar da dominação. Entretanto, deslocar ao novo campo autônomo da política a possibilidade de limitar a divisão do político é deslocar também o desenho de um mundo teometafísico, unicista e transcendente em relação à figura humana. Isto é o novo: Maquiavel propõe gerir o conflito, a divisão, a partir de uma figura claramente humana: o príncipe, em outras palavras, o Estado, um Estado que dure e possa, então, ser o que concentra a força militar e faz a lei. Apostar na soberania que se converte em soberania política e deixa para trás a soberania da igreja. Estabelecimento de um novo modo de conceber a lei: como resultado de tensões na coisa política, que legisla para equilibrar o conflito. A lei é consequência do conflito, isso quer dizer que não há leis universais, não há apriorismo no campo do político.

A capacidade intelectual de Maquiavel possibilitou que sua visão dos acontecimentos reordenasse as formas e os conceitos sobre a força e o poder. A partir de então, produz o que hoje poderíamos chamar de giro político, que anunciará a autonomia – soberana – do Estado, a unidade da nação e as bases do mapa europeu posterior. Seu giro consistiu em elevar ao plano do teórico e necessário aquilo que até esse momento se havia tomado como factual e circunstancial. Em um verdadeiro corte conceitual, desvinculou a política da concepção cristã-medieval – que, por sua vez, fazia daquela uma parte do mundo ético e a subordinava à sua finalidade – para conceder-lhe razão de ser própria, constituição específica e fins imanentes. Para ele, a esfera do político tem manifesta autonomia e assim deve entender o Príncipe, mesmo quando deve realizar uma inversão na economia de meios e fins nos atos de poder, se disso depende a saúde da pátria. A liberdade e a autonomia da pátria estão acima das considerações sobre o justo ou o injusto, o piedoso ou o impiedoso; bem e mal já não são valores da esfera ética universal, e sim subordinados à política.

A razão é, em primeiro lugar, razão política, pois sem o elemento unificador do político, a vida dos homens fica dissolvida nas lutas fratricidas e de sobrevivência. A razão do Estado garante, assim, as liberdades dos homens. Analisa a coisa não a partir do imaginário, mas sim a partir do racional. O racional calcula e equilibra prós e contras do que a fortuna nos apresenta, sempre em chave disjuntora, ou isso ou aquilo. Pode-se ler *O Príncipe* sob o império da figura lógica da disjunção. Uma lógica que, para muitos, é também dialética, se entendemos que as tensões que a *fortuna* nos apresenta, a decisão virtuosa é, muitas vezes, disjuntiva. Entretanto, a decisão não é de uma vez e para sempre: está sujeita ao devir, ao momento em que a *virtù* do príncipe possa converter-se em fortuna para si. Por isso:

> (...) sua insistência para que o modelo político atue com sentido de realidade; não se deslumbre com os princípios ideais e cobre consciência das possibilidades efetivas brindadas pelo tempo e o lugar de sua ação; que advirta quais são as verdadeiras causas operantes no processo histórico; que atue assistido pelas lições da experiência e a ponderação objetiva dos dados reais; que conte com os modos da natureza humana manifestos tanto no indivíduo como na coletividade; que, enfim, faça de uma vontade disciplinada, enérgica e tenaz o sustentáculo íntimo de suas decisões e seus feitos. (Arocena, 1979, p. 19)

Segundo Maquiavel, a política não é nem da ordem do divino e nem da ordem do dever, mas da ordem do ser. O conceito de necessidade se entende vinculado à matriz histórica da ação política; a *necessidade é o curso da história*, de seus acontecimentos e vicissitudes, e nesse mundo – humano – a autonomia se torna política. Nesse contexto, a virtude do príncipe não deriva da obrigação moral, mas do conhecimento dos acontecimentos e de sua melhor forma de incidir neles para conquistar e reter o poder. É assim que o príncipe é apresentado como um modelo de soberano amoral e valente:

> Quem ingressasse no domínio político deveria, em primeiro lugar, estar disposto a arriscar a própria vida; o excessivo amor à vida era um obstáculo à liberdade e sinal inconfundível de servilismo. A coragem, portanto, tornou-se a virtude política por excelência, e só aqueles que a possuíam podiam ser admitidos em uma associação que era política em conteúdo e propósito e que por isso mesmo transcendia o mero estar junto imposto igualmente a todos (...) pelas premências da vida. (Arendt, 1995, p. 47)

A justiça, a lei, dentro do campo da autonomia desse sujeito soberano, não é *a priori*, e sim *a posteriori*, e deriva da ação do soberano e de sua capacidade, *virtù* para atenuar o conflito. O príncipe funda um novo estado de coisas baseado na territorialidade e organiza um mundo regido pelo princípio de soberania territorial e laço com seus sujeitos, que até o século XVI era inexistente.

Maquiavel reconhece que há violência dos meios para conseguir o fim – a unidade da Itália – e essa violência, para fundar um novo *stato* de coisas, é legítima. Um Estado novo não surge do nada: é produto da conquista, que sempre supõe guerrear e confrontar.

O giro político: a novidade do Estado autônomo

> *Todos os Estados, todos os domínios que tiveram e têm império sobre os homens, foram ou são, ou repúblicas ou principados.*
> (Maquiavel, 2012, p. 32)

Apesar das diferenças que se encontram nos autores que dele tratam, existe uma coincidência importante: é a que permite reconhecer em Maquiavel o precursor da concepção autônoma da política. "Existe um consenso bastante amplo em torno da seguinte ideia: Maquiavel é aquele que, pela primeira vez, pensou a política como domínio ou campo autônomo, regido por leis que lhe são próprias" (Miguelez, 1992, p. 4).

A palavra *Estado*, para designar uma unidade política – república ou principado –, é o resultado do giro realizado no espaço do político durante o século XVI europeu. Mais do que um giro, podemos pensar na inversão da configuração do poder que se foi produzindo nessa época e que, com o nosso autor, desconstrói o paradigma teopolítico que regeu por séculos a Europa, e que garantiu a primazia dos valores da teologia cristã e do poder do papado.

Apesar de estar apartado das decisões da *Signoría* florentina, Maquiavel reflete sobre as grandes mutações da geopolítica de seu século, e entende que é importante fazer da autonomia política um assunto. É importante destacar que seu estado de ânimo, pesaroso por ter sido deixado de lado, não obscureceu sua razão e nem sua paixão pelo novo que acontecia e do qual ele mesmo havia feito parte.

Nas primeiras linhas de *O Príncipe* está latente aquilo que quase três séculos depois desenvolverá Hegel na filosofia da história e na filosofia do direito: o Estado entendido como a figura que um povo se dá quando realiza a si mesmo como sujeito da história (Hegel, 2008).

Maquiavel discute com a corrente humanista de seu século e define a substantividade dos valores terrestres, os autonomiza e os separa do dogma da fé. A política como reflexão, ao mesmo tempo filosófica e científica, tem nesse autor um de seus primeiros teóricos.

O principado ou a república é a unidade política suprema que não reconhece acima de si nenhuma autoridade superior. Assim, o florentino rompe com a subordinação da política à ética universal em relação aos assuntos da república, e antecipa o princípio da soberania.

O príncipe é o soberano e é quem define seu próprio *ordo*, tanto ético como jurídico. A soberania é o princípio organizador do poder de um povo, um príncipe, um senado. Aqui, a chave fundamental é a confrontação com a ética universal de fundamento transcendente, do mesmo modo que a negação de toda ordem jurídica que se inscreva na mesma origem, quando se trata dos assuntos políticos.[2]

Maquiavel também enfrentou a tradição do humanismo cívico de raiz ciceroniana (revitalizado no *Quattrocento*) em pontos cruciais e esteve só tanto para escrever *O Príncipe* como os *Discursos*, quando apartou-se das certezas do Velho Mundo, cortando laços com essas ideias em uma ruptura não declarada, embora profunda. Nessa solidão pensou os temas mais importantes e que chegam aos nossos dias para nos impulsionar a pensá-los outra vez: a divisão do social; a necessidade de um Estado novo que atenda às demandas do povo; e a primazia do político para alcançar a vida comum. É indubitável que nosso autor nunca tenha se colocado como filósofo, pois desconfiava de quem trabalha com o imaginário e negligencia o real. Entretanto, todos os problemas apontados por ele nos remetem a um: a divisão se dá, antes que no social, em cada um dos indivíduos e o conflito é próprio da condição humana. Assim, há uma compreensão da finitude humana e do que se supõe como um limite que sustenta a escrita maquiaveliana em seu caráter filosófico.

O princípio político da autonomia do poder se estendeu a partir de sua primeira definição – como independente do princípio divino – a uma autonomia pura, desligada de qualquer modalidade de moral, seja de origem divina ou laica. Assim, inicia-se no campo do político o mesmo percurso que empreende a ciência moderna: a autonomia da razão, da razão pura

---

2. Essa é a origem do escândalo que continua até hoje. Benedetto Croce afirma que a exegese do pensamento de Maquiavel sempre estará aberta. "Una cuestione que forse non si chiuderá mai. La cuestione del Machiavelli" (Croce, 1972, p. 2).

prática, que não se deixa submeter a nenhum princípio extrapolítico, dando início, assim, a um modo que inverte a pirâmide do poder e libera o lugar do príncipe de qualquer submissão a princípios ou valores teológicos.

Começo da reflexão sobre o poder, abertura do campo da política. Agora podemos esboçar algumas hipóteses que nos permitam compreender a relação entre o conflito e a lei tomando, como faz o próprio Maquiavel, dois exemplos: o primeiro seria ele mesmo, que, como pensador maldito, chega até nossos dias sobrevivendo a esse estigma. Voltando-nos sobre este exemplo, a pergunta seria: onde, como e quando se constrói o estigma? A agudeza do pensar e os temas que aborda o autor não são suficientes para que tenha ingressado à história do Ocidente pela porta mais próxima à abjeção e ao inferno, que provocam qualquer um que coloque a questão do mal na ação política, segundo o desenho dos detratores do florentino. Ao contrário, as questões das guerras – *a* questão da guerra na história da humanidade – foram tratadas por filósofos da eminência de Agostinho de Hipona ou Tomás de Aquino que, em uma linha justificatória da concentração de forças por parte do que logo se chamou de Estado, a justificam como um avanço em relação à vingança ou do "olho por olho, dente por dente", que supõe a destruição do inimigo e a perpetuação da ofensa e, portanto, do desejo de perpetuar a vingança (Campione, 2009).

A referência a esses dois filósofos não é casual. Há que se entender que, desde a tradição católica – que já no século XV havia projetado uma *pregnância*[3] de sua própria estrutura eidética na cultura europeia impossível de se contornar –, o grande mal de Maquiavel foi o de enfrentar a concepção teopolítica que, na realidade efetiva, permanecia produzindo efeitos, e mostra como a ação política não tem que ser subsidiária nem da fé e nem da ética. Cai sobre o Secretário uma maldição que, conduzida pelos jesuítas, mestres da argumentação, veda durante muito tempo a possibilidade de uma leitura de *O Príncipe* que deixe de lado o que havia se estabelecido como as fontes do mal: o texto, a obra e seu autor.

A *pregnância* da qual falamos é a que faz prevalecer uma estrutura perceptiva sobre outras e, desse modo, permeia na cultura como se fosse a verdadeira. Assim, de geração em geração, essa força atua. A *pregnância* da cultura teocêntrica e monoteísta, católica e romana, é questionada por Maquiavel, que as separa em duas ordens distintas, com lógicas diversas,

---

3. Pregnância: força da estrutura perceptiva destacada sobre outras estruturas possíveis (Moliner, 2007).

aquilo que permanecia unido desde Constantino. O florentino, em poucas palavras, mas com uma lógica de ferro, é quem inicia e instaura uma novidade na concepção do que se faz a uma república e a um príncipe no momento em que renasce essa cultura. Não é só um renascimento por evocar a república romana ou suas leis, a novidade está também em ler que essa leitura do passado tem no presente o próprio de todo o Renascimento: continuidades e rupturas. A ruptura proposta por Maquiavel fora em relação ao modelo teopolítico.

O *mal político*[4] de sua época, insistimos, era a falta de política. Por isso, seu duplo olhar alcançava desde a atenção pelos conflitos do presente até a busca de uma exemplaridade, que encontrou na república romana. Entretanto, séculos de diferença e o longo momento medieval o fazem reinterpretar o viver juntos como forma autônoma que requer um terceiro para se sustentar. Esse terceiro – o príncipe, o Estado, a lei – é a novidade que introduz nosso autor, e o que o faz ser o precursor das teorias modernas sobre o problema.

A contribuição da doutrina de Maquiavel é dupla: por um lado, pretende a unificação da Itália e abre um novo caminho que desembocará nos modernos Estados nacionais; por outro, seus escritos contribuem à redefinição moderna da teoria política, que terá em Hobbes seu filósofo mais sistemático.

Maquiavel representa o renascer da figura do indivíduo-cidadão da Antiguidade, de suas capacidades e de sua autonomia, tanto do poder divino como do poder feudal. O amor ao corpo humano como figura da nova estética e o amor à razão autônoma desligada de qualquer dogma, junto ao desejo de realização dessas energias liberadas, as energias humanas, põem em função uma nova época, uma nova forma de olhar as relações de poder, a novidade renascentista no campo da ação política.

N'O *Príncipe* é explícita a ruptura com o mundo platônico-cristão e sua concepção de cidade é a de um lugar estritamente humano, racional. E nessa racionalidade, que é uma posição e um método, é possível equilibrar as questões nas quais aquele que manda tem de tomar decisões. Primazia do ser sobre o dever-ser.

---

4. Não deixaremos de insistir que a condição de autor maldito está diretamente relacionada a seu elogio do político (o conflito) e da política (Estado, leis, instituições civis), rompendo, assim, com a ordem teocrática.

Maquiavel abre essa condição enquanto concebe o príncipe como soberano cujo objetivo é sempre a conquista do poder a partir de uma perspectiva não moral, mas racional. Define, assim, também a divisão dos dois campos: por um lado, o do político, autônomo e independente do dogma revelado e da moral; por outro, o campo ético do dever ser. Segundo Maquiavel, a política não é nem da ordem do divino nem da ordem do dever, mas da ordem do ser. O conceito de necessidade se entende vinculado com a matriz histórica da ação política; a *necessidade é o curso da história*, de seus acontecimentos e suas vicissitudes, e neste mundo – humano – a autonomia se torna política. Abre-se, assim, ou se recupera, a relação entre liberdade e política. Nesse contexto, a virtude do príncipe não deriva da obrigação moral, mas do conhecimento dos acontecimentos e de sua melhor forma de incidir neles para conquistar e reter o poder.

Humores/desejos

> Quando um cidadão particular, não com crimes ou outra violência, mas com o favor de seus demais concidadãos se converte em príncipe de sua pátria, a isso se pode chamar principado civil. (...) se ascende a esse principado ou com o favor do povo ou com o favor dos grandes. Porque em cada cidade se encontram esses dois humores diversos; e disso nasce que o povo deseja não ser mandado nem oprimido pelos grandes e os grandes desejam mandar e oprimir o povo. (Maquiavel, 2012, p. 49)

Desses humores em conflito, o dos grandes e o do povo, faz o italiano a questão do político, que é ôntica além de histórica. Da divisão social entre os grandes e o povo – que não cessa, nem se supera –, podem, entretanto, nascer as leis. Todas as leis que são feitas em prol da liberdade nascem da desunião de ambas as partes, uma vez que a divisão social é própria da ordem política. Faz de Roma o exemplo *princeps* de como a divisão deu leis favoráveis à liberdade e é a causa principal da República.

Assim, poderíamos acrescentar à grande inovação do nosso pensador em relação ao Estado, a *cosa política*, ao dar à divisão social, à discórdia, um lugar ontopolítico, a partir da qual é possível alcançar a liberdade.

Quando Maquiavel escreve esses conselhos, justifica-os argumentando que o humor dos Grandes é o do *ter*, enquanto que o humor do povo é o de resistir. Resistir ao avanço dos que querem se apropriar de tudo, resistir para se tornarem livres do jugo que impõe a classe dos que tem e querem mais, sendo poucos, mas cuja ganância não se importa com nada para ter tudo. E como bem nos ensina, dado que a divisão entre ambas as classes permanece, e é a forma exterior da coisa, sua superfície, o que se mostra como conflito e nunca se esgota, antecipa também uma negação aos contratualismos posteriores e deixa esboçado o verdadeiro conflito – de classes – que no século XIX teorizará Karl Marx. A solução do conflito é a do terceiro decisor, o príncipe capaz de escutar as demandas populares sem suprimir nenhuma das duas classes em conflito. Assim, "Maquiavel certamente se situa no ponto de vista do povo, e (...) deve se converter em um Príncipe popular" (Althusser, 2004, p. 63).

Outra colaboração teórica que ainda hoje nos permite pensar os conflitos é o que indica que a divisão da sociedade é inerente à mesma. Essa é a coisa política: a divisão sempre presente no espaço do viver juntos. A grande divisão se dá entre quem deseja dominar e quem deseja não ser dominado. Os grandes, em sua língua, querem ter cada vez mais; por isso seu *humor*, seu desejo, é o de se apropriar de bens e acumular cada vez mais honras, fortunas e propriedades. Para isso, deve-se avançar sobre o povo, cujo *humor* é o da resistência. A resistência, ou potência negativa, nos termos de Antonio Negri (2004), é o *humor* que emerge do povo que, nesse caso, poderíamos chamar de dominados, para contrapor e limitar o desejo de propriedade dos grandes, que hoje chamaríamos de oligarquia. O desejo do povo é libertário, isto é, sua resistência pode, por um lado, compreender-se como negatividade, dado que constantemente deve lutar contra o desejo dos grandes, e também pode ser entendido como desejo de liberdade.

O desejo de liberdade está no povo

Vale destacar a antecipação de Maquiavel, que não só coloca os problemas políticos, mas oferece soluções capazes de serem tomadas por nosso presente.

Sua compreensão é a de que a *cosa política* – a *cosa*, sem mais – retrai-se da intervenção humana, embora a relação seja inerente à constituição mesma do viver juntos. A *cosa*, o real, não se deixa encobrir totalmente pela ação política. O devir, que nos acolhe, às vezes nos supera e muitas vezes nos atormenta. Deve o príncipe ter a virtude política de intervir para que a liberdade possa advir e se distanciar da necessidade (a natureza), abrindo o espaço em comum.

O outro traço, e nisso recuperamos as interpretações de Louis Althusser (2004) e de Claude Lefort (2010) sobre nosso autor, é o que lhe permite ressaltar sua preferência lógica e estratégica na relação entre o príncipe, os grandes e o povo, aconselhando quem quer ser um bom príncipe a escutar mais o povo do que os grandes.

Por seus escritos, Maquiavel faz ato (obra) de ruptura: rompe com uma tradição e é dessa ruptura, separando a antiga ordem de coisas da nova ordem de coisas, que surgem as condições de possibilidade de um novo Estado. Não obstante, no registro que lhe é próprio, o da política, a ruptura maquiaveliana é dupla: denega um passado filosófico transcendente e põe a política mesma como ruptura. Dito de outro modo, o pensamento maquiaveliano da política consiste em romper com o passado teopolítico e em refletir, por esse movimento mesmo de ruptura, a política como ação fundadora de uma nova ordem de coisas (Mairet, 1997). Um Estado novo, que possibilite a liberdade dos cidadãos e restrinja o poder anônimo concentracionário.

A ação política: novidade e *virtù*

Um Estado novo e duradouro, com autoridade política para dar coesão, é a figura que pretende Maquiavel quando fala da unidade geográfica e política. Um Estado que não se dobre ao apetite insaciável da oligarquia, pois ela não o considera autorizado para conduzir: considera-o um instrumento que deve estar ao seu serviço. Um Estado que seja capaz de escutar as demandas insatisfeitas dos mais necessitados, que sabem que é a autoridade política a que pode satisfazê-las.

> (...) aquele que se converte em príncipe mediante o favor do povo deve mantê-lo amigo, o que será fácil, já que este não lhe demanda mais que não ser oprimido. Mas aquele que se converte em príncipe contra o povo, e com o favor dos grandes, deve acima de qualquer coisa tratar de ganhar o povo, o que será fácil quando tomar a seu cargo sua proteção. (Maquiavel, 2012, p. 51)

Quando Maquiavel escreveu, há quinhentos anos, olhou seu presente e criticou duramente seu passado, sobretudo, Roma. Mas destacou a capacidade da República romana de resolver o conflito não só com a espada, mas com instituições que ainda hoje fazem parte do direito contemporâneo. A *virtù* é a qualidade que um príncipe necessita para fundar um Estado. A *virtù* é, então, a capacidade racional e estratégica de medir e calcular – conhecer – o curso da história, possibilitando a ação oportuna do príncipe, tanto para a conquista como para a manutenção do poder, que será mais amigável se proteger seu povo.

A *virtù* – que, segundo Maquiavel, é a qualidade humana especificamente política – não tem a conotação de caráter moral que tem a *virtus* romana, nem de superioridade moralmente neutra que define a *areté* grega (Arendt, 1993, p. 149).

A filosofia de Maquiavel

Há um traço filosófico que podemos indicar na escritura de Maquiavel, contra as teorias universalistas e pacifistas: entende que o conflito é próprio da vida humana e que é pelo conflito que surgem as leis. Do mesmo modo, não há paz universal: ela é resultado de resistências, pactos e negociações.[5] O florentino inverte a concepção clássica da lei universal e sua primazia sobre os notáveis da cidade, para indicar que, se há lei, é por consequência do conflito. A *coisa* ou o *real* leva o nome de conflito da *polis*, conflito político, desagregação das possibilidades do viver juntos, guerra.

Para compreender sua proposta e sua atualidade não nos deteremos na conjuntura histórica de Maquiavel, a desagregação das cidades italianas e sua vontade de unidade, embora fosse o conceito mesmo de unidade o que permitiria o salto de uma história feudo-universalista à história moderna. Indicaremos, em troca, que esse mesmo conceito de unidade está pensado de maneira inversa ao do uno-universal, uma vez que a unidade que Maquiavel propõe é a unidade política capaz de ser alcançada somente graças a uma nova forma de organização, o Estado que logo chamaremos burguês ou moderno.

---

5. Por exemplo, o pacifismo de Gandhi foi uma posição de resistência que permitiu que o grande Império britânico modificasse a sua e se retirasse.

Tanto n'*O Príncipe* como nos *Discursos*, Maquiavel clama para que seu príncipe seja uma figura nova, capaz de dar início à fundação de um Estado. Não propõe uma invenção a partir do nada, mas a partir do vazio do presente ou a partir da dissolução do velho. Ao ler a história a partir dos gregos e dos romanos até o seu presente, a fim de discuti-la e criticá-la, quer interpretar seus ensinamentos sem pretender uma filosofia da história.

Teoricamente, sua filosofia prática se baseia em duas noções: o materialismo imanente e o princípio da divisão no interior mesmo do corpo social. Em relação ao primeiro, Maquiavel é um anti-idealista que, por isso mesmo, rechaça a concepção de que haja uma lei ou causa primeira; e também seu rechaço se estende à concepção do duplo princípio constitutivo do homem (alma-corpo). O que é, é corpo.

Hobbes retomará um século mais tarde, já em franca discussão com Descartes, o mesmo princípio. E não é a única semelhança que encontramos entre o italiano e o britânico. A mais importante e também a central na ordem da nova filosofia é o pensamento de ambos em relação a um Estado novo e que dure, apesar de uma concepção antropológica pessimista, embora não derrotista.

O outro princípio é o da divisão ser a forma mesma do social, que antecipa o que logo seria a colocação da luta de classes, como já indicamos. Entretanto, Maquiavel descrê de uma história que progrida no tempo e possibilite apagar a divisão e chegar a uma concórdia social como o marxismo irá propor mais adiante. Pensa desde o *pathos* do pessimismo, no qual o mal sempre acompanha a história e que a coisa, o irrepresentável, a mistura de azar e necessidade, não apaga, em todo caso, a ação do príncipe: sua *virtù* é fazer a lei que apazigua ou intervir para preservar e ampliar o território.

Um príncipe novo, um Estado novo, com novos atores distanciados da concepção feudo-universalista do medievo. O Estado que, para perdurar, necessariamente deve se atentar aos interesses em conflito e legislar – a favor do povo – para manter a coesão e a paz social é, para Maquiavel, aquele que adota a forma da república. Nem tirania, nem democracia. A primeira é concentrada fundamentalmente em quem sempre responde ao interesse oligárquico, enquanto a segunda (a democracia) seria, para Maquiavel, a forma da liberdade total, que o povo quer, sem reconhecer autoridade política alguma, o que nos levaria diretamente à anarquia. E aí encontramos dois problemas que em Maquiavel parecem resolvidos: a tirania tornando-se totalitarismo, a democracia derivando em anarquia;

uma calando a divisão por meio de métodos letais, a segunda fazendo da divisão um conflito corpo a corpo e convertendo a liberdade em guerra de todos contra todos.

As leis possibilitam a unidade. No par *fortuna-virtù*, o primeiro termo corresponde ao real que sempre apresenta incerteza e seu movimento permanente põe em perigo, por sua própria natureza, a fragilidade da vida humana. O segundo termo do par é próprio da *vita activa* e da inteligência do príncipe (do Estado) para decidir e legislar – criar e inovar – a melhor forma de equilibrar, dar unidade à república. Pensa a partir do *pathos* do pessimismo, que o mal sempre acompanha a história e que a *cosa*, o irrepresentável, a fortuna, o choque do azar e a necessidade não apaga, em todo caso, a ação do Príncipe: sua *virtù* é intervir para criar algo novo e legislar para manter a coesão e a paz social.

Do Estado como problema contemporâneo

Um Estado que dura, isto é, que seja capaz de hegemonizar a força para manter a paz e a prosperidade, é um Estado que deve olhar para o povo e tornar visível seus desejos para convertê-los em leis. Um Estado que dura é aquele capaz de justiça distributiva, que não apaga as classes e nem seus "humores", que é o terceiro acima dos interesses das classes e que não se submete ao império dos poderes econômicos, que o querem como instrumento de si.

Nesse ponto temos de insistir que a proposta de Maquiavel não é nem moral e nem imoral, é estritamente política: por que o Estado ou o príncipe têm de responder melhor aos desejos do povo que aos da oligarquia? A ajuda que nos fornece Claude Lefort (2010) é de grande valor. O Estado tem de responder ao povo não porque o povo seja bom, e sim porque ele é quem é capaz de reconhecer a autoridade que o tire da miséria, da invisibilidade, da ruína. Em troca, um Estado associado à oligarquia, nos diz Lefort, é, no máximo, um *primus inter pares*, ou seja, sua autoridade fica diluída em quem forma um dos polos do conflito da sociedade. Em alguns de nossos Estados latino-americanos, e na história recente que vai do início do século XXI até hoje, temos visto – quando imperou o neoliberalismo – que o Estado não só via diluída sua autoridade, como ficava submetido ao interesse das corporações e, portanto, já nem sequer podia entender que era *primus inter pares.* O Estado neoliberal foi instrumento dos interesses das oligarquias que, por sua vez, não só empobreceram grandes camadas do povo, tanto a média quanto a baixa, como realizaram, por meio do Estado, a corrosão da soberania nacional mediante diversas formas de entrega.[6] Esse Estado debilitado foi funcional a um desenho de poder global no qual se sangrou a indústria nacional, o trabalho nacional, enquanto que o capital se tornou financeiro em concordância com as teorias, que, mais que teorias, foram propagandas ideológicas do fim do Estado, do pensamento débil e da globalização ao extremo.

Aqui e agora

Há 500 anos, nossa leitura d'*O Príncipe*, e também dos *Discursos*, interpela nosso presente. Como fazer para que o Estado – não só burguês, mas também neoliberal, globalizado, corrompido pelos poderes econômico-financeiros que o pensam como um instrumento de seus próprios interesses – seja uma autoridade acima de todos eles? Atendendo alguns dos conselhos ao Príncipe, que não têm a ver nem com uma moral e nem com estabelecer valores éticos universais que submetem as decisões políticas, mas sim escutando a voz que interpela a partir do mais invisível da pátria, intervindo com autoridade para resolver os conflitos a favor das demandas que provêm a partir desse lugar. Retomando: se trata de analisar os ensinamentos de *O Príncipe* sob o conceito de hegemonia[7] que, em termos gerais, ensina-nos que a luta entre os grandes e o povo pode ser hegemonizada por um ou outro desses polos, em uma figura que não é nem a dos grandes ou da oligarquia, nem a do povo; é a figura do príncipe, do partido de massas, do Estado popular.

Por que fazer uma leitura contemporânea e populista[8] de Maquiavel? Porque tal como o próprio Maquiavel coloca, e tal como se retoma em Lefort e em Althusser, entre outros, não é com os grandes com quem o príncipe – o Estado – pode impor sua autoridade, uma vez que o poder

---

6. Em uma leitura que se reconheça em Arturo Jauretche e em Scalabrini Ortiz, penso-a em termos de alienação da soberania: assumir dívida privada como pública é um exemplo contundente.

7. Na linha Gramsci-Laclau.

8. Tal como Ernesto Laclau define esse substantivo/adjetivo.

concentracionário não toma o Estado como um aliado, e sim o considera um mero instrumento para levar adiante políticas públicas que favoreçam seus interesses. O povo, que, a partir da resistência à opressão oligárquica, busca na autoridade do Estado se constituir em seu ser, pode passar da negatividade, da resistência, ao afirmativo na representação de um Estado que responda às suas demandas. O desejo do povo é mais confiável, diz Lefort lendo Maquiavel, que o da camada dominante, e essa confiabilidade tem a ver com a possibilidade de definir instituições livres, embora jamais a fissura entre os grandes e o povo se recubra totalmente. Se o povo se fizesse totalmente livre, também se livraria de qualquer forma de governo.

Portanto, uma leitura populista supõe duas questões: a divisão entre oligarquia e o povo, ou entre os que têm e desejam mais e os que desejam ser – livres – é permanente. Mas o príncipe, o Estado, pode dar lugar a demandas que há em toda resistência popular e tomar partido pela parte dos que não tiveram lugar no banquete neoliberal.

Por outro lado, o mal contemporâneo é o do império dos *trusts* econômico-financeiros que ocultam o nome de seus titulares, o rosto de seus acionistas e que só combatem à luz do dia em poucas ocasiões e quando seus interesses são tocados. O anonimato das sociedades e dos grupos de poder econômico é funcional à desigualdade na distribuição do produto interno bruto de um país, mas seus efeitos perniciosos chegaram a ser funcionais a outras formas de anonimato nos duros anos da ditadura: as formas da desaparição das pessoas. Dizia-nos o genocida Videla, quando as mães perguntavam por elas, que não estavam nem mortos e nem vivos, e os enterravam em fossas comuns como NN ou os atiravam ao Rio da Prata em segredo e anonimamente.

A preferência pelo anonimato não deve ser confundida com nenhum modo de humildade, mas sim com uma posição de poder que os mantêm distantes do mal-estar popular pelas injustiças. Esse mal-estar até agora foi dirigido aos políticos ou aos militares que ocuparam o Estado. Há muito pouco tempo falamos de golpe *cívico*-militar. O que entendemos é que na Bolsa se joga com ações que têm efeito no real, mas que, ao ser de sociedades anônimas, embora os efeitos sejam negativos, não se visualiza – até agora – com clareza os responsáveis.

Estados populares – populistas – da América Latina até oito anos atrás diziam NÃO à ALCA, com as vantagens de maior autonomia na região. Esse NÃO que foi criado a partir do vazio, pelo desejo dos povos que estavam representados por chefes que se pareciam com eles. Chefes que deixaram romper um poder concentracionário-imperialista e que abriram espaço para atuar a partir da potência do negativo e afirmar uma autonomia regional, que reconhecia suas origens nas ações pelas libertações dos séculos XIX e XX. Entretanto, e como muito bem nos ensinou Maquiavel, a fortuna pode se voltar contra si: não há ontologia substancial, há ontologia do azar. Por isso, é da ordem da política e de uma virtude que conjugue as decisões a favor do povo, com a austeridade e a transparência daqueles que são funcionários do Estado, o modo pelo qual poderemos fazer do protagonismo popular não só história de lutas e resistências, mas de conquistas e de leis justas.

Exemplo contemporâneo do dito, e do perigo que propõe sempre a fortuna, o azar: na Argentina quem disputa o poder político no modelo atual, em muitos casos, propõe derrubar leis que foram feitas a favor do povo, e que são conquistas fundamentais. Propõe, por exemplo, deixar para trás (pela via parlamentar, por agora) leis como a da aposentadoria – que inclui quem não tem todos os recursos necessários –, a lei dos meios de comunicação de massa – que termina com o monopólio das comunicações –, a lei das retenções ao agronegócio, etc. Ou seja, se conseguimos um Estado democrático que dure, o que nos termos do florentino é relevante, e ninguém (ninguém?) quer voltar à ditadura, à supressão do parlamento, à perseguição civil e econômica, é muito claro que um Estado democrático é condição necessária para fazer leis a favor do povo, mas não é suficiente, uma vez que não há progresso na história, mas uma luta entre os que seguem desejando avançar em seus domínios e os que resistem e querem mais direitos, isto é, mais liberdade igualitária.

Referências bibliográficas

ALTHUSSER, L. *Maquiavelo y nosotros*. Madrid: Akal, 2004.

ARENDT, H. *La condición humana*. Barcelona: Paidós, 1993.

_____. *De la historia a la acción*. Buenos Aires: Paidós, 1995.

AROCENA, L. *Cartas privadas a Nicolás Maquiavelo*. Buenos Aires: Eudeba, 1979.

CAMPIONE, R. *El nomos de la "guerra justa"*. Valencia: Tirant Lo Blanch, 2009.

CROCE, B. *Quaderni della Critica*, 49 (14), pp. 1-9. 1972.

DEL ÁGUILA, R., & CHAPARRO, S. *La república de Maquiavelo*. Madrid: Tecnos, 2006.

FOUCAULT, M. *Un diálogo sobre el poder*. Madrid: Alianza editorial, 1981.

HEGEL, G.W.F. *Enciclopedia de las Ciencias Filosóficas*. Madrid: Gredos, 2010.

HELLER, H. *La soberanía: contribución a la teoría del derecho estatal y del derecho internacional*. Mexico: FCE, 1995.

LACLAU, E. *La razón populista*. Argentina: FCE, 2005.

LEFORT, C. *Maquiavelo. Lecturas de lo político*. Madrid: Trotta, 2010.

_____. *La invención democrática*. Buenos Aires: Nueva Visión, 1990.

MAQUIAVELO, N. *El Príncipe*. Buenos Aires: Colihue, 2012.

_____. El Príncipe. En Forte Mongue, J.M (Eds.), *Maquiavelo obras completas* (pp. 3-89). Madrid: Gredos, 2011.

_____. Discursos sobre la primera década de Tito Livio. En Forte MONGUE, J.M (Eds.), *Maquiavelo obras completas* (pp. 247-633). Madrid: Gredos, 2011.

MAIRET, G. *Le principe de souveranité*. Paris: Gallimard, 1997.

MIGUELEZ, R. "Machiavel et la racionalitè du politique". In: *Carrefour Revue de la societé de philosophie de l´Outaouais, XIV*, pp. 22-35. 1992.

MOLINER, M. *Diccionario del uso del español*. Madrid: Gredos, 2007.

NEGRI, A. "Introducción. Maquiavelo y Althusser". In: L. Althusser. *Maquiavelo y nosotros* (pp. 11-40). Madrid: Akal, 2004.

NIETSZCHE, F. *La genealogía de la moral*. Madrid: Alianza editorial, 1988.

POCOCK, J. *El momento maquiavélico. El pensamiento político florentino y la tradición atlántica*. Madrid: Tecnos, 2008.

UNGER, M. *Maquiavelo. Una biografía*. Buenos Aires: Edhasa, 2013.

VIVANTI, C. *Maquiavelo. Los tiempos de la política*. Buenos Aires: Paidós, 2013.

ZAGARI, A. *Soberanía y gobernabilidad, para una teoría del estado*. Buenos Aires: Ediciones Universidad del Salvador, 2007.

ARENDT E O LEGADO POLÍTICO DE CÍCERO E MAQUIAVEL[1]

Beatriz Porcel

Arendt concede um lugar destacado a Cícero, seja em termos de reflexões, seja em termos de citações explícitas. As ideias do escritor latino trabalham como uma espécie de baixo contínuo na interpretação que a autora efetua da experiência romana e favorece seu exame de conceitos republicanos e de práticas da *vita activa*. Quanto a Maquiavel, ele foi para Arendt um dos mais lúcidos pensadores modernos, capaz do gesto que traçou uma linha de demarcação entre a esfera pública e a esfera privada; ele é especialmente exaltado por seu "amor ao mundo" e por sustentar os valores do *vivere civile*. Pretendemos, neste breve texto, revisar a leitura arendtiana de ambos os pensadores, encontrando um ponto forte no recíproco interesse por pertencer ao mundo, sendo este o critério de possibilidade da política.

As perspectivas que apresentamos têm em conta alguns problemas caros a Arendt e vinculados entre si: a particularidade das relações entre filosofia e política, a complexa articulação entre *vita activa* e *vita contemplativa* e a condição própria do político. Estabelecer esses temas do diálogo entre Arendt e a tradição clássica permite mostrar o potencial dessa tradição para reconsiderar tópicos fundamentais da filosofia política.

1.

Uma avaliação da *romanitas* arendtiana não pode ignorar a análise da presença de Cícero, um pensador cuja importância reside não somente nas numerosas citações explícitas, mas como fundo de significativas reflexões

---

1. Traduzido do espanhol por Lucas Morais e revisado por Fernanda Cordeiro Lima.

de Hannah Arendt. A autora cultiva uma franca admiração pela personalidade de homem político, de filósofo e de historiador que Cícero oferece, e sempre dá como certo o conhecimento que seus leitores possuem tanto das obras como do contexto de referência.

Ao ler Cícero, Arendt demonstra um dos aspectos mais conhecidos de seu método, que é o de raciocinar a partir da etimologia dos termos filosóficos. Cícero, por sua vez, oferece a oportunidade de aprofundar na passagem da filosofia grega à latina em termos centrais para o repertório filosófico-político, como "auctoritas", "humanitas", "religio" e "historia".

Quais aspectos de Cícero interessam mais a Arendt? Acreditamos que é a figura do intelectual comprometido, exposto, que ao fim paga um alto preço por ser fiel às suas próprias ideias; o intérprete de uma experiência politicamente ativa, dedicada à reconstrução de uma República fraturada e contra as corrupções do poder. É por isso que Arendt frequenta os grandes diálogos políticos como *Da República, Das Leis* e, em menor medida, *Sobre os deveres* e *Disputas Tusculanas*.

Arendt leu Cícero motivada por Jaspers, como se lê na carta de setembro de 1952 (Arendt, 1993, p. 201). Precisamente nesse momento, nos *Diários Filosóficos*, aparecem anotações que mostram uma intensa reflexão a respeito de *Da República*, um minucioso trabalho de leitura e análise do contexto ciceroniano.

A primeira citação que Arendt analisa afirma que por natureza foi dado ao gênero humano "um amor tão grande para proteger o bem comum que essa força venceu todas as seduções do poder e do ócio" (Arendt, 2006, p. 240; 1984, I, i) e que a suprema "virtude" é a direção do Estado. Essa virtude ciceroniana, diz Arendt, não pode existir fora da atividade política, portanto, é idêntica a ela. E fundar e conservar comunidades políticas é a virtude humana mais próxima ao gênio dos deuses. Nesse sentido, Arendt destaca que Cícero acreditava que o homem político se encontra superior ao filósofo, que sua atividade está acima do *otium*, e que a ação é o fundamento da glória da virtude (Arendt, 2006, p. 426; Cícero, 1946, v. I, p. 19).

Outra ideia ciceroniana que ela salienta é a distinção entre vida privada e vida pública, ligada à consideração de que a pátria não nos foi dada como um lugar para nosso descanso e nossa vantagem, mas que o público está em primeiro lugar e que o privado é um resíduo, o que resta daquele. Analisando o conceito ciceroniano de *societas*, Arendt acha fecunda a perspectiva que indica que, quando há comunidade de linguagem e vida entre os homens, aparece o específico deles: que estejam livres dos negócios, cultivem o desejo de conhecer a verdade e aspirem a não obedecer ninguém em particular. Entretanto, a discussão das distinções entre vida especulativa e vida prática e entre filosofia e política permanece aberta em Cícero, podendo-se encontrar argumentos que sustentam uma ou outra opção.

Em *Da República* se encontram passagens explícitas sobre a inferioridade do saber das coisas humanas ou políticas em relação à filosofia ou à meditação das coisas eternas e divinas (Cícero, 1984, v. I, p. 26; p. 28). Também o conhecidíssimo sonho de Cipião, que encerra o texto, passagem que Arendt analisa atentamente em *A vida do espírito* – no qual assegura como prêmio ultraterreno a eternidade a quem foi um bom político, ao cidadão distinto por ajudar a conservar e aumentar a pátria – pode ser analisado como uma desvalorização da glória humana e da vida política pelo tom desiludido dos fragmentos nos quais o mundo e todo humano aparecem como algo insignificante e inútil em relação às coisas divinas (Cícero, 1981, v. I, p. 20) ou quando se lamenta porque a glória mundana não é duradoura e, sim, está destinada a perecer e ser objeto do inevitável esquecimento próprio de todo humano (Cícero, 1984, v. I, p. 25).

Então, qual é a escolha? Para Cícero, a contingência humana e a imortalidade da alma que sustenta a filosofia assume uma função muito política, uma vez que incentiva os cidadãos para que prestem serviço público, embora não recebam mais que desinteresse e oposição por parte de seus contemporâneos. Assim, os argumentos a favor da vida política parecem ser os mais sinceros. Quando a pátria nos convoca a abandonar o *jardim* e enfrentar os riscos o fazemos porque, sem sossego e sem tranquilidade, não teríamos liberdade e calma para o exercício do pensamento e o ócio da vida filosófica, ideia que Cícero repete no diálogo *Da natureza dos deuses*: entre o cidadão e a pátria se estabelece um compromisso em que o sacrifício ao político oferece o necessário para o desenvolvimento das virtudes e da felicidade. Trata-se, então, de um pensamento que se separa da tradicional hierarquia entre vida contemplativa e vida ativa, que afirmava a superioridade da primeira.

Essa perspectiva ciceroniana oferece a Arendt a oportunidade e o marco teórico para sustentar a importância política tanto da ação como do pensamento. Cícero não é um "filósofo profissional" e, nesse sentido, pode fazer perguntas e exercitar seu pensamento a partir de sua experiência de homem de ação (Arendt, 2002, p. 166). Para Arendt, o autor latino encarna a tensão nunca resolvida entre o dever do compromisso político e a aspiração à tranquilidade de uma vida afastada, e resulta em um modelo de uma experiência politicamente ativa, crítica e culta contra a degeneração do poder: a responsabilidade do intelectual pelo mundo e, também, um valor irrenunciável para alguém que, como Arendt, propõe-se a pensar – e de outra maneira – a dimensão do político.

Sem dúvida, o interesse por unir a virtude do *otium* a um forte apego cívico encontra na autora uma matriz clássica, que provém de uma feliz síntese entre pensamento grego e pensamento romano. Entretanto, o verdadeiro problema para Arendt reside na liberdade de pensamento do indivíduo da qual deriva sua capacidade para se situar no mundo, para cumprir a lei e para contrastá-la quando está errada.

Somente a capacidade de pensamento autônomo, somente o responsável e criador isolamento consigo mesmo tornam possível se situar no mundo e conter sua deriva. A liberdade dos homens invoca dois planos que não podem ser separados, embora sua convivência seja difícil: o plano coletivo – que Cícero expressa como "(...) nada é mais aceito (pelos deuses) do que as associações e reuniões dos homens, vinculados pelo direito, que são chamadas cidades" (Cícero, 1984, v. I, p. 13) –, e o plano individual, que se mostra no estar só consigo mesmo. São duas dimensões adquiridas com o estudo, a reflexão, a cultura e a filosofia, esta entendida não somente como consolação, mas como o verdadeiro remédio contra o risco de não pensar, embora também possa chegar a ser uma redução da variedade da experiência em um sistema, uma teoria fechada e a burocratização do intelecto.

Nesse sentido, Cícero foi um lúcido intérprete do risco que significa o conformismo. E em Arendt, ao longo de seus textos, pode-se ver como o mal não coincide tanto com a apatia política ou com a superioridade do privado sobre o público, mas sim com a ausência de reflexão, a obediência acrítica e a homologação do pensamento a partir de ordens que nos vêm de fora.

A presença de Cícero foi, como referimos, continuada na obra de Arendt: sua biógrafa Elisabeth Young-Bruehl conta que nos últimos anos de sua vida, enquanto escrevia *A vida do espírito*, interessou-se por *Cato Maior de Senectute* de Cícero, perguntando-se se esse texto poderia lhe dar uma perspectiva da harmonia das faculdades na velhice. Até pensou em escrever uma continuação, uma espécie de *Cato Maior de Senectute* moderna para se opor ao descrédito dessa etapa final da vida e pensar que o bom juízo pertence a todas as idades (Young-Bruehl, 1993, p. 577).

2.

No momento em que advertimos a brecha aberta por Maquiavel entre a filosofia política e a "verdade efetiva" da política é simples mostrar o interesse de Hannah Arendt, cuja teoria está atravessada pela difícil relação entre a filosofia e a política. Sem dúvida, a heterotopia da obra maquiaveliana é uma convocatória que a desafia.

A leitura que Hannah Arendt fez da obra do florentino se encontra em cursos e lições apresentadas em universidades dos Estados Unidos durante o decênio de 1955-1965, em breves anotações incidentais, em alguns ensaios como "O que é a autoridade?", presente em *Entre o passado e o futuro*; em *Sobre a revolução* e em anotações e reflexões no *Diário Filosófico*. Os cursos que Arendt leciona sobre Maquiavel são: 1) Universidade de Berkeley, 1955, dedicado à história da teoria política com um capítulo dedicado a Maquiavel; 2) Universidade de Wesleyn, 1961; 3) Universidade de Cornell, 1965, com o título *From Machiavelli to Marx*.

Maquiavel é colocado por Arendt entre os "pensadores políticos" ou "escritores políticos", a quem ela distingue expressamente dos "filósofos políticos":

> (...) Maquiavel, Montesquieu, Tocqueville (...) escreveram a partir de experiências políticas e em função da política (...) escreveram porque foram exilados da cena política (...) não se perguntaram jamais: qual é o fim da política, qual é o fim do governo, porque sustentam a ideia própria de que a vida política é a melhor vida. (Arendt, 1965)

E, entre eles, Maquiavel foi – segundo Arendt – o primeiro a advertir a aparição de uma esfera puramente secular na qual os princípios da ação se encontram por fora dos parâmetros religiosos e morais (Arendt, 1988, p. 37).

Arendt sempre sustentou que não podemos nos eximir da pergunta pelo vínculo entre a filosofia e o mundo, que não podemos dar como certa a resposta ingênua porque esse encontro sempre é problemático. A filosofia, com sua vontade de onipotência e sua tentação hegemônica, promove a "deformação profissional" que lhe impede de ocupar-se verdadeiramente da "pluralidade efetiva" e, consequentemente, estabelecer um autêntico conceito da política e do político. Entre outras citações, lemos em uma carta a Jaspers: "a filosofia ocidental nunca teve uma concepção do político e não pode tê-la porque ela fala do homem individual e trata acessoriamente da pluralidade efetiva" (Arendt, 1993, 4 de março de 1951). Essa ideia se repete em *O que é a política?*: "a filosofia não fala mais do que do homem no singular, dito de outro modo, ela fala do nome de um (...)", concepções reunidas na canônica expressão arendtiana "A pluralidade é a lei da terra".

Arendt recusa o modo como o político se enuncia na maior parte da tradição da filosofia política: a ideia de que a política se define como uma relação de dominação entre governantes e governados, que o viver juntos se analisa, em última instância, em termos de mando e obediência, ideias que para a autora apresentam uma falsa clareza alheia à verdadeira clareza política que se funda – esta última – na fragilidade dos assuntos humanos, na ação comum e na primazia do aparecer no público (Revault D'Allonnes, 2001, p. 183). Há um sentido da profundidade própria da política que, para Arendt, significa uma reversão da hierarquia metafísica e que é a compreensão do que aparece como profundidade: trata-se de encontrar o sentido da profundidade, devolver à política sua natureza fenomenológica, restaurando a coincidência de ser e aparecer e afirmando o valor deste último.

O que tem de maquiaveliana essa concepção de Arendt? Por que a apologia do aparecer nos remete a Maquiavel? Porque para o florentino também os temas do âmbito político não são objetos, coisas, mas, sim, fenômenos, aparições e manifestações. O espaço político se encontra atravessado pela aparência: "(...) a maioria dos homens se sentem tão satisfeitos com o que parece com o que é, e muitas vezes se movem mais pelas coisas aparentes do que pelas que realmente existem" (Maquiavel, 1987, v. I, p. 25), o que não implica que a política seja reduzida a puro engano: a aparição no âmbito público não é nem transparência nem tem pretensão de transparência; o aparecer sempre se oferece a uma pluralidade de perspectivas. Tudo o que aparece não se faz diante de um espectador único capaz de totalizar todos os aspectos. Logo, a fenomenalidade do político é incompatível com uma posição dominante.

O risco da dominação, segundo Arendt, é próprio das filosofias políticas hegemônicas, que afirmam a superioridade do fundo sobre a superfície e do ser sobre o (a)parecer. Aqui é onde Maquiavel se coloca como quem, sem ter posto em obra um discurso filosófico sistemático, desviou e separou a "verdade efetiva" da política dessa dicotomia do ser e do aparecer.

N'*A vida do espírito*, Arendt se refere à virtude e ao virtuosismo próprios do aparecer durante a ação e ao "brilhar por seus próprios méritos por utilizar uma expressão de Maquiavel" (Arendt, 2002, p. 153) em uma acepção muito próxima à *virtù* do *virtuoso* maquiaveliano. A valentia é, para a autora, uma das virtudes cardinais da política, necessária para se manifestar no espaço da política, tal como entende Maquiavel: se a virtude do valor foi uma das mais elementares atitudes políticas,

> continua sendo surpreendente que o único teórico político pós-clássico que, em seu extraordinário esforço para restaurar a velha dignidade da política, captou a separação entre privado e público e compreendeu algo do valor necessário para salvar essa distância foi Maquiavel, quem descreveu a ascensão da esfera privada à política, ou seja, das circunstâncias comuns a todos os homens à resplandecente glória das grandes ações. (Arendt, 1993, p. 47)

No ensaio "O que é a liberdade?", a autora interpreta a virtude cívica do florentino como a capacidade de corresponder aos avatares da fortuna para definir o sentido das ações, enquanto problematiza o político colocando em jogo os conceitos que definem o espaço da ação concertada dos seres humanos singulares (Arendt, 1996, p. 203). Junto à valentia e ao virtuosismo, também há um critério compartilhado para a ação política, que Arendt diz ser a glória e a fama públicas, critério afirmado tanto por Maquiavel como pela antiguidade clássica. Colocar ambos os pensadores nessa posição significa apresentá-los como quem entende o político realizando-se na fragilidade do espaço de aparição e o reconhecimento da contingência.

Arendt atribui a grandeza de Maquiavel ao fato de ter derrubado uma tradição milenar – de Platão ao Cristianismo – obstinada pelo *fim* da política: "o florentino nunca perguntou para quê serve a política, mas sim o que é a política, qual é sua raiz, sua importância nos assuntos humanos. A política não tem um "fim", um final, mais alto que ela mesma. Essa consideração da política é a essência do realismo maquiaveliano. Maquiavel – diz Arendt – desafia a visão cristã, que entende a política como funcional aos interesses do mundo ultraterreno; a visão grega, que a entende também como condição, mas para tornar possível a felicidade; e a moderna, para a qual a política será garantia de vida segura e freio à "morte violenta", tal como coloca Hobbes.

Enquanto Maquiavel remete a ação política ao princípio da glória, Hobbes funda o comportamento político do homem no medo à morte. Os autores canonizados pela tradição da filosofia política são totalmente diferentes: eles "escrevem a partir de fora e aspiram impor critérios não políticos à política" (Arendt, 1965). A venerável trindade Maquiavel-

Montesquieu-Tocqueville intervém de modo particularmente importante em nossa autora (explícita e implicitamente) já que para ela é uma questão decisiva e destacada a própria compreensão da modernidade e a relevância de uma nova ciência política, que pode se opor e contradizer toda filosofia da História.

Maquiavel, quando é convocado, dá a Arendt o que Tassin (1999, p. 264) chama de "dimensão especificamente política da ação", isto é, a compreensão da significação filosófica da ação política e a dimensão política da ação humana. Para Arendt – como para Maquiavel – a ação política reclama uma *virtù* particular, capaz de fazer frente ao imprevisível curso da fortuna para – no momento oportuno – propor perspectivas em um presente cheio de possibilidades, mas sem nenhum destino seguro, afrontar sua finitude e permanecer em meio a uma irremediável contingência. Ambos são fiéis ao acontecimento e a seguir "a verdade efetiva das coisas antes que sua imaginação" (Maquiavel, 2012, cap. XV).

A releitura crítica das análises maquiavelianas significa, para Arendt, o reconhecimento de uma compreensão do tempo e do espaço cívicos e da ação à margem de marcos instrumentais ou teleológicos, da ação entendida como o que faz aparecer, como instituidora e como vinculadora. Fica sem se desenvolver um aspecto da teoria política na qual ambos os autores diferem, e que concerne ao rol da violência na política. Essa diferença converte a leitura arendtiana de Maquiavel em complexa e problemática, em uma espécie de dupla leitura: por uma parte o elogio da compreensão do político emancipado de parâmetros metafísicos, da ação como aparição virtuosa e da fragilidade inerente à coisa política. Por outra parte, a interpretação maquiaveliana da violência como instância inerente à fundação do político é, para Arendt, uma forma de degradação instrumental, uma forma de antipolítica.

Referências bibliográficas

ARENDT, H. Course *From Machiavelli to Marx*. New York: Cornell University, Ithaca, 1965. The Hannah Arendt Papers at the Library of Congress, disponible en <www.loc.gov>.

_____. *Montesquieu*. Course "History of Political Theory", Berkeley: University of California, 1955. The Hannah Arendt Papers at the Library of Congress, disponible en <www.loc.gov>.

_____. *Sobre la Revolución*. Madrid: Alianza, 1988.

_____. *La condición humana*. Barcelona: Paidós, 1993.

_____. *Entre el pasado y el futuro*. Barcelona: Península, 1996.

_____. *La vida del espíritu*. Buenos Aires: Paidós, 2002.

_____. *Diario filósofico*. Barcelona: Herder, 2006.

_____. "Comprensión y política". In: *Ensayos de comprensión 1930-1954*. Madrid: Caparrós Editores, 2005.

_____. *La promesa de la política*. Barcelona: Paidós, 2005.

ARENDT, H. & JASPERS, K. *Correspondence 1926-1969*. N.York: Harcourt Brace, 1993.

CICERÓN. *Sobre la República*. Madrid: Gredos, 1984.

HAMMER, D. "Hannah Arendt and Roman Political Thought: The Practice of Theory". In: *Political Theory*, 2000, XXX, nro.1, pp.124-149.

_____. *Los oficios*. Buenos Aires: Anaconda, 1946.

MAQUIAVELO, N. *Discursos sobre la primera década de Tito Livio*. Madrid: Alianza, 1987.

_____. *El Príncipe*. Buenos Aires: Colihue, 2012.

_____. "Cicero, Arendt, and the Political World". In: *Roman Political Thought and the Modern Theoretical Imagination*. Norman: University of Oklahoma Press, 2008, pp. 38-77.

McCLURE, K. "The Odor of Judgment: Exemplarity, Propriety and Politics in the Company of Hannah Arendt". In C.Calhoun and J.McGowen (ed.): *Hannah Arendt and the Meaning of Politics*. Minneapolis: Univ. of Minnesota Press, 1997, pp.53-84.

RIVERA, G. A. "El republicanismo de Cicerón: retórica, Constitución mixta y ley natural". In: *DOXA, Cuadernos de Filosofía del Derecho*. 29, 2006, pp. 367-386.

SPRINGBORG, P. "Hannah Arendt and the classical republican tradition". In: *Hannah Arendt: Thinking, Judging, Freedom*. Sydney: Allen and Unwin, 1989, pp.918.

TAMINIAUX, J. "Athens and Rome." In: *Companion to Hannah Arendt*. Cambridge: Cambridge University Press, 2000, pp.165-177.

TASSIN, E. *Le trésor perdu. Hannah Arendt: l´intelligence de l´action politique*. Paris: Payot, 1999.

YOUNG-BRUEHL, E. *Hannah Arendt*. Valencia: Alfons el Magnánim, 1993.

ALTHUSSER LEITOR DE MAQUIAVEL:
a prática política em questão[1]

Julien Pallotta

Não falarei aqui especificamente do que a leitura de Althusser agrega aos estudos maquiavelianos; analisarei, inversamente, aquilo que Maquiavel agrega a Althusser, ou, antes, a função que cumpre Maquiavel no discurso de Althusser. Parece oportuno começar lembrando que, na lista de autores que Althusser analisou e utilizou, o florentino ocupa uma posição particular: assim, numa carta à Franca Madonia (carta de 29 de setembro de 1962),[2] Althusser descreve uma fascinação a seu respeito que beira a

---

1. Tradução de Igor Peres (IESP/UERJ) e Suzana Piscitello (IFCS/UFRJ). Revisão técnica de Helton Adverse. Todos os textos citados foram novamente traduzidos do francês.

2. "Dei este curso estranho sobre Maquiavel, dupla, triplamente estranho; pois me forçou a fazê-lo com a consciência já vacilante, mas especialmente feroz, de que seria ali que venceria ou seria batido; pois dando este curso tive a impressão de que não era eu que o dava, que ele era dado fora de mim, de uma maneira inteiramente fantasmagórica e delirante, sem que fosse capaz de controlar e de verificar o que dizia, não sabendo se aquilo que dizia fazia algum sentido (daí meu espanto quando meus alunos vieram me dizer que não haviam ouvido nada parecido naquele ano, vindo de outros professores); pois, enfim, não encontrei senão um meio de me convencer que era mesmo eu que o dava: e este meio era o de constatar que o delírio deste curso não era nada senão meu próprio delírio; lembro-me em particular do tema central que desenvolvi aí, a saber, que o problema fundamental de Maquiavel era *pensar* as condições de instauração de um 'Novo Estado' a partir de uma situação (Itália) onde as condições eram ao mesmo tempo inteiramente favoráveis [...] e inteiramente desfavoráveis [...] de sorte que o problema central de Maquiavel, do ponto de vista *teórico*, podia se resumir na questão do *começo a partir do nada* de um Novo Estado *absolutamente indispensável e necessário*. Não invento nada, não fabrico este pensamento, Franca, mas desenvolvendo este problema teórico e suas implicações, expondo as consequências teóricas [...] tinha o sentimento alucinatório (de uma força irresistível) de não desenvolver nada senão *meu próprio delírio*; tinha a impressão que o delírio do meu curso coincidia (e não era *ninguém além dele*) com *meu próprio* delírio

identificação. O motivo da "solidão" pode ser convocado para fundamentar essa relação fantasmática: como há uma solidão do Maquiavel teórico na história do pensamento político (a quem reputa a tarefa titânica de romper com a ideologia religiosa política medieval e a filosofia política antiga para fundar, a sós, uma "ciência da política"), e que há uma solidão do Príncipe maquiaveliano que deve fundar, igualmente sozinho, um novo Principado, há uma solidão de Marx (que descobre o "continente" história, isto é, funda a ciência da história), e há uma solidão de Althusser no seio do Partido Comunista Francês tratando de retificar a linha teórica do partido e de lutar contra seus desvios teórico-políticos. Todas essas solidões se comunicam, mas em torno de um ponto central: Marx. Por isso, é possível sugerir que a relação de Althusser com Maquiavel jamais é direta, mas sempre mediada pela relação com Marx. Assim, não falarei da leitura de Maquiavel por Althusser em geral: buscarei aquilo que a leitura de Maquiavel produz como efeito no seio do marxismo althusseriano, se nos lembrarmos que uma das tarefas principais que se põe Althusser em seus primeiros escritos é a de descobrir a filosofia que existe em estado prático nas obras de Marx (depois Lênin),[3] ou, no fim de sua carreira, de produzir uma filosofia (materialista aleatória) para o marxismo.[4] Essa aproximação entre Marx e Maquiavel não é nova: Emmanuel Terray, em seu artigo sobre o "encontro" entre Althusser e Maquiavel, lembra que não é em Gramsci (que é a fonte principal de Althusser a esse respeito), mas no *Materialismo histórico e*

---

subjetivo. Eu estava por demais capturado por ele para tomar a distância necessária para sua percepção e definição; antes, eu diria: eu tinha a impressão de que o delírio de meu curso (delírio objetivo) coincidia unicamente com *algo em mim que delirava*. E, de fato, quando penso nisso agora [...] não fazia outra coisa, desenvolvendo a exigência contraditória de Maquiavel, senão falar de mim" (Althusser, 1998, p. 224).

3. "A filosofia marxista, fundada por Marx no ato mesmo da fundação de sua teoria da história, está ainda em grande parte por ser constituída, pois como dizia Lênin, somente as pedras angulares foram postas" (Althusser, 1996 [1965], p. 21).

4. "Penso que o 'verdadeiro' materialismo, aquele que melhor convém ao marxismo, é o aleatório, na linha de Epicuro e de Demócrito. Preciso: este materialismo não é uma filosofia que deveria ser elaborada em sistema para merecer este nome. Mesmo se isso não é impossível, não é necessário convertê-lo em sistema; o que é verdadeiramente decisivo no marxismo é que ele representa uma posição em filosofia" (Althusser, 1994, p. 35). Maquiavel será justamente um dos principais pensadores a partir de quem Althusser elaborará as teses desse materialismo.

economia marxista de Benedetto Croce que encontramos a caracterização de Marx como "o Maquiavel do proletariado".[5]

Minha hipótese mais precisa acompanha aquela de Emmanuel Terray nesse mesmo artigo: Althusser, que toma como tarefa produzir de maneira explícita e tematizada aquilo que parece estar à obra, em estado prático em Marx e Lênin, não encontra neles uma teoria da prática política, e encontra, em Maquiavel, um pensamento da prática política absolutamente original e surpreendente. Igualmente, longe de me deter simplesmente no livro inacabado de Althusser sobre Maquiavel (*"Machiavel et nous"*), farei um vaivém permanente entre as posições de Maquiavel mesmo, expostas por Althusser, e as posições e os problemas encontrados pelos marxistas. Minha exposição será composta por três momentos: (1) Me interessarei, primeiro, pela originalidade do pensamento político de Maquiavel: ser uma teoria na conjuntura. (2) Depois, pelo conteúdo preciso dessa teoria: ser uma teoria do começo revolucionário do Estado nacional e uma teoria do governo apropriada para fazer durar esse Estado. Enfim, num último momento (3), esboçarei os problemas que uma transposição das questões maquiavelianas apresenta ao marxismo, evocando notadamente a crítica que Foucault faz da ausência de governo especificamente socialista.

1. A questão da teoria da prática política: de *Pour Marx* a *Machiavel et nous*

1.1. *Pour Marx:* o conceito de prática política só existe em estado prático

Reiniciarei a partir dos enunciados de *Pour Marx*, e nomeadamente do artigo "Sur la dialectique matérialiste (De l'inégalité des origines)" (Althusser, 1996, p. 161-224). Althusser condiciona aí toda a sua pesquisa a um enunciado de Lênin: "sem teoria não há ação revolucionária". A importância política da teoria é apresentada como decisiva: a prática política precisa do conceito de

---

5. "De acordo com meu conhecimento é a Benedetto Croce que devemos a primeira versão conhecida deste paralelo: em *Materialismo histórico e economia marxista*, Croce escreve: 'Marx ensina, mesmo através de suas proposições aproximativas no conteúdo e paradoxais na forma, a penetrar naquilo que é a sociedade em sua realidade efetiva. Muito mais, relativamente a este aspecto, me surpreende que até aqui ninguém o tenha chamado para fazer-lhe honra Maquiavel do proletariado'" (Terray, 1993, p. 141).

sua prática para melhor enfrentar as situações novas e problemas novos, sob pena de desvios, sempre imputáveis em última instância aos erros teóricos.[6] Mas o que é notável nesse nível de análise é que a prática política marxista contém sempre uma solução aos problemas que lhe são postos (ou, ao menos, para alguns dentre eles), mas sob uma forma unicamente prática, e não teórica: Althusser se propõe a fazê-la ascender a um nível superior, que é aquele, em linguagem spinozista, não da ideia, mas da ideia da ideia. Trata-se de cobrir a lacuna entre a teoria e a prática: teorizar é então reduzir uma lacuna. Antes de entrar mais adiante na análise, é necessário começar lembrando o que se deve entender por prática: a transformação de uma matéria-prima dada em vista de um produto determinado, transformação efetuada por um trabalho humano com o auxílio de instrumentos. Esse paradigma da produção para pensar a prática é, em 1963, tão arraigado no pensamento de Althusser que lhe permite até mesmo pensar a teoria redefinida então como prática teórica (destinada a produzir conhecimentos a partir do trabalho de instrumentos conceituais sobre uma matéria-prima constituída por representações, conceitos e fatos). Quanto à prática política, esta transforma as relações sociais em novas relações sociais. É a esse respeito que podemos assinalar uma tensão na exposição de Althusser. De fato, o filósofo parece oscilar entre duas posições: ora insiste sobre o fato de que no marxismo a prática política não é cega e espontânea ou irrefletida, e que ela é, ao contrário, "organizada sobre a base da teoria científica do materialismo histórico" (Althusser, 1996, p. 168); ora sublinha o fato de que essa prática pode desenvolver-se e existir sem experimentar a necessidade de elevar-se a um nível teórico, de pensar seu próprio "método" de maneira refletida, até o ponto em que a realidade (a resistência do mundo existente que se deve transformar) lhe imporá o encobrimento da lacuna entre teoria e prática. Poderíamos pensar que, de um lado, o marxismo dispõe de uma teoria da história que pode aplicar para triunfar sobre a experiência, e que, de outro, a teoria, em realidade, está por ser constituída para enfrentar realmente a realidade a ser transformada. Podemos sintetizar as duas posições, ou,

---

6. Alain Badiou (in Lazarus, 1993, p. 29-30), num artigo recente, saúda nessa tese uma dupla indicação, à qual subscreve plenamente: "Primeiro, um fracasso político deve ser reenviado, não à força do adversário, mas à fraqueza de nosso próprio projeto. Regra da imanência a respeito da qual não há nada a acrescentar. Seguidamente, esta fraqueza é sempre em última instância uma fraqueza do pensamento. Pela qual a política é determinada como figura da intelectualidade, e não como lógica objetiva das potências. Regra da independência subjetiva a qual não podemos senão subscrever".

digamos, as duas inflexões da mesma posição dizendo que certos problemas puderam ser tratados sem recurso à teoria, mas que outros, por outro lado, requerem a passagem à teoria da prática política. Seja como for, trata-se, no itinerário althusseriano, de um momento teoricista em que tudo, em política, depende da teoria. Eu estaria tentado mesmo a chamar de positivista se a concepção positivista das relações entre a teoria e a prática for a seguinte: a prática decorre da aplicação de uma teoria precedente.

A esse respeito, penso que, em realidade, deve-se reter firmemente um ponto: a teoria da política (por vezes confundida com a teoria do Estado) está, para Althusser, ausente no marxismo, e ausente sob o modo de uma ausência determinada. Ele sustenta tal ideia muito claramente nos textos dos anos de "crise", ou seja, nos textos dos anos 1977-1978. Essa ausência é, para nós, o sintoma do fracasso desse modelo positivista das relações entre a teoria e a prática em que seria suficiente dispor os conhecimentos teóricos gerais para aplicá-los a uma atualidade particular. Seja como for, a prática política deve ser enxergada a partir de dois pontos de vista: o do seu objeto (aquilo de que trata ou deve transformar), e de seu objetivo (o que ela visa produzir). Podemos responder de maneira simples a essa dupla questão: a prática política trata do "momento atual" ou da "conjuntura", que é sempre singular, e ela visa cumprir uma tarefa histórica determinada. É em Maquiavel que Althusser encontrará os elementos mais pertinentes e originais de desenvolvimento dessa posição.

1.2 Maquiavel e nós: a teoria da política, uma teoria da conjuntura

Desde pelo menos 1962, Althusser ministrava um curso sobre a obra do florentino, mas é em 1972 que escreve o essencial do que será uma obra inacabada, sempre retomada e retrabalhada, mesmo após o drama de 1980. Essa obra se intitula *Machiavel et nous* (2009) e nunca foi publicada por Althusser: hoje, podemos considerá-la como uma de suas melhores obras, e uma das fontes principais de sua última filosofia (a filosofia do materialismo do encontro). Imediatamente, pergunto-me pelo "nós" (*nous*) que é acoplado ao nome de Maquiavel: quem Althusser interpela? Claro que a seus contemporâneos, mas isso ainda é muito vago e muito geral. Exprimir-se assim significa interpelar o leitor a fim de implicá-lo numa questão difícil:

em que nos toca hoje o problema colocado por Maquiavel? Responderia que, para Althusser, o "nós" interpelado não pode ser senão os militantes comunistas; podemos então reformular a questão: qual deve ser nossa utilização ou nossa reativação do pensamento de Maquiavel hoje? Colocando essa questão, entramos no cerne do tema e na originalidade mesma da teoria de Maquiavel: pensar a política, pensar politicamente, não é desenvolver leis gerais do funcionamento do poder político nas sociedades humanas, é submeter-se à tarefa que nos prescreve em nosso presente ou em nossa conjuntura. Dito de outra forma, Maquiavel é aquele que nos mostra o que significa pensar politicamente: é pensar na conjuntura, ou sob a conjuntura. Citemos Althusser (2009, p. 55) a esse propósito:

> O que significa *pensar na conjuntura*? Pensar um problema político sob a categoria de conjuntura? Significa primeiro ter em conta todas as determinações, todas as *circunstâncias* concretas existentes, fazer seu recenseamento, a contagem e a comparação. Por exemplo, é, como vemos no *Príncipe* e nos *Discursos*, voltar com insistência sobre a divisão, o parcelamento da Itália, a miséria extrema onde é jogada pelas guerras entre príncipes e repúblicas, a intervenção do papa, o recurso aos reis estrangeiros. Mas é ao mesmo tempo opor e comparar a existência e o desenvolvimento impetuoso das grandes monarquias nacionais da França e da Espanha que existem no mesmo momento.
>
> Mas, este recenseamento dos elementos e das circunstâncias não é suficiente. Pensar *sob* a categoria da conjuntura, não é pensar *sobre* a conjuntura, como refletiríamos sobre um conjunto de dados concretos. Pensar sob a conjuntura é, literalmente, submeter-se ao problema que produz e impõe seu caso: o problema político da unidade nacional, a constituição da Itália como Estado Nacional.

Vemos bem então o ponto de vista adotado por aquele que pensa sob a conjuntura: não é aquele de um filósofo que refletiria acerca dos princípios gerais sobre os quais se funda o poder político numa sociedade humana, nem aquele de um teórico que desenvolve leis universais do funcionamento das sociedades, nem o de um historiador que analisa um fato passado, mas aquele de um ator histórico engajado numa ação a ser realizada, submetida às condições da conjuntura na qual ele se encontra. Propus retomar a expressão de Croce a respeito de Marx ("Maquiavel do proletariado"); em realidade, ela se aplica igualmente bem, e talvez até melhor de acordo com Althusser, a Lênin. Esse pensamento na conjuntura, que supõe um ponto de vista inserido na ação em curso a ser realizada, e não um ponto de vista desengajado, neutro, exterior ou posterior, é aquele de Lênin nos textos do ano de 1917 que Althusser (1996, p. 179) analisa em *Pour Marx*:

> É necessário precisar o estatuto destes textos [os textos de Lênin sobre a revolução de 1917]. Não são os textos de um historiador, mas de um dirigente político, roubando algumas horas da luta para dela falar aos homens que nela estão, e fornecê-los sua inteligência. São textos para uso político direto, redigidos por um homem engajado na revolução, que reflete sua experiência prática, no campo de sua experiência mesma.

Se resumirmos o precedente, podemos dizer que o pensamento na conjuntura não analisa as circunstâncias de uma conjuntura do ponto de vista de um fato já realizado (que não poderia senão ser conhecido), mas do ponto de vista de um fato *a ser realizado*, mais precisamente uma tarefa a cumprir, ou de um problema a se tratar. Assim, Maquiavel se distingue de todo questionamento filosófico abstrato sobre os fundamentos e os fins da cidade: registra, em sua conjuntura (o parcelamento dramático da Itália), o problema a ser tratado (a constituição da unidade nacional), e identifica o meio: a fundação de um novo Estado, um Estado nacional. Essa tarefa, Althusser chama de revolucionária, e faz então de Maquiavel um pensador revolucionário.

Justapondo as passagens de *Pour Marx* sobre os textos de conjuntura de Lênin e as passagens de *Machiavel et nous* sobre a tarefa a realizar da conjuntura italiana de Maquiavel, nos damos conta de um paradoxo: as duas tarefas em certo sentido refletem-se, como se cada uma delas fosse um reflexo negativo da outra nas duas extremidades da história, na formação do Estado moderno e em sua "destruição". Se a tarefa revolucionária pensada por Maquiavel é a fundação de um Estado Nacional (único capaz, diz Althusser, de criar zonas materiais e sociais de mercados, requeridas pelo desenvolvimento da atividade industrial e comercial de uma burguesia nascente e ascendente), por outro lado, a tarefa a que se propõe Lênin é a conquista do poder de Estado, mas para passar, no fim, a uma sociedade sem classes, e tendencialmente então a uma sociedade sem Estado. Por ora, simplesmente menciono esse paradoxo e passo a outra característica essencial da teoria maquiaveliana da conjuntura.

Althusser lê os escritos de Maquiavel como intervenções na conjuntura na qual se situam, e, assim, na esteira de Gramsci, vê em *O Príncipe* um "manifesto político", e mesmo um "manifesto utópico revolucionário". O estatuto teórico de *O Príncipe* é característico daquilo que é um escrito de conjuntura, isto é, o texto mesmo é um instrumento a serviço de uma causa que defende, o que tem por consequência certas qualidades literárias (ser um texto curto em estilo apaixonado, próprio para angariar partidários), e aquilo que define uma *démarche* materialista: o escrito deve ter em conta seus destinatários potenciais para, então, agir sobre eles, deve visar a sua própria eficácia. Althusser sustenta que o caráter inovador e desconcertante dessa escritura está no duplo lugar que a determina, ou seja, o lugar do "sujeito" ou o agente da prática política e o lugar do ponto de vista teórico e social onde o texto é escrito. Em Maquiavel, os dois lugares são dissociados. De fato, Maquiavel recorre a um indivíduo virtuoso para realizar sua tarefa histórica, um indivíduo desconhecido, anônimo, vindo de parte alguma, por assim dizer, e sem laço algum com o passado feudal com o qual se deve romper: um novo Príncipe. É nesse quesito que Maquiavel é um teórico da revolução, ao enfatizar que aquele que deve surgir para transformar de maneira revolucionária as relações sociais existentes (apresentadas como de fato passadas-ultrapassadas) deve começar absolutamente a partir do nada. Althusser diz que o lugar do agente da prática revolucionária é um lugar "vazio", daí nomear *O Príncipe* "manifesto utópico". Seu surgimento na história é improvável, nada pode antecipá-lo ou anunciá-lo, afinal, Althusser reputa-o necessário e impossível de uma só vez.

Contudo, Maquiavel não escreve seu texto do ponto de vista do sujeito impossível e necessário da prática politica: Althusser se apoia sobre a dedicatória de *O Príncipe*[7] para mostrar que a obra é escrita do ponto de vista do povo. Por isso, devem-se entender duas coisas, e as duas antecipam em larga medida a tradição marxista. Primeiro, o discurso de Maquiavel não é um discurso feito de um não lugar que seria um ponto de vista neutro e universal, uma vez que é escrito a partir de uma perspectiva e produz efeitos de inteligibilidade a partir dela. De fato, na dedicatória de *O Príncipe*, Maquiavel diz que "para melhor conhecer a natureza dos povos, convém

---

7. "Não gostaria... que me imputassem a presunção, de, sendo de pequena e baixa condição, ousar, contudo, discorrer sobre o governo dos Príncipes e fornecer-lhes as regras; pois como aqueles que desenham as paisagens se *colocam no plano para contemplar o aspecto das montanhas e lugares altos*, e empoleiram-se nestes últimos para contemplar os lugares baixos, *de igual maneira, para melhor conhecer a natureza dos povos, convém ser Príncipe, e para a dos Príncipes, ser popular*" (Althusser, 1995, p. 66). Citamos essa edição porque a edição Tallandier, estranhamente, não contém essa citação de *O Príncipe*.

ser Príncipe, e para a dos Príncipes ser popular": para escrever um tratado revolucionário sobre o Príncipe, Maquiavel toma a posição da classe popular. Mais profundamente, isso supõe que a realidade social e política estudada é uma realidade conflituosa e, para se estudar tal realidade, deve-se ocupar uma posição no conflito: é a grande tese materialista que Althusser vê operando em Marx e que faz da ciência marxista uma ciência necessariamente conflituosa. O objeto mesmo (uma realidade conflituosa) da teoria implica uma tomada de posição a seu respeito. Contra uma tradição que faz de uma posição nula, neutra e fora do conflito (universal, ou seja, ocupada por não importa quem, ou seja, por ninguém) a posição para acessar o verdadeiro, Marx põe em prática a ideia de que "numa realidade necessariamente conflituosa como tal sociedade, não se pode tudo ver, não podemos descobrir a essência desta realidade conflituosa senão sob a condição de ocupar certas posições e não outras no conflito" (Althusser, 1996, p. 223), e assim recupera – conclui Althusser – uma tradição "da qual podemos ver os traços nos maiores, por exemplo, Maquiavel, que escreveu 'que deve-se ser povo para conhecer os príncipes'" (Althusser, 1996, p. 223). A tese de Maquiavel transposta para Marx reformula-se assim: "deve-se ser proletariado para conhecer o Capital" (Althusser, 1996, p. 223).[8]

Podemos dizer de maneira ainda mais radical que é o posicionamento político mesmo que abre a possibilidade de um conhecimento teórico. Mas, no caso de Maquiavel, lembremos que tudo depende do problema, ou da tarefa a se realizar: a fundação de um Estado nacional para constituir-se a unidade italiana. Althusser, por sua vez, precisa que a questão não é somente fundar um novo Estado, mas um Estado que dure: como fazer durar um Estado recém-fundado? É a esse propósito que encontramos novamente a conflitualidade da realidade social sobre a qual se trata de intervir, dado que essa realidade é conflituosa, pois a cidade, diz Maquiavel nos *Discursos*, é dividida em "humores opostos", ou, diz Althusser, em classes antagonistas, isto é, o povo e os Grandes. É o segundo elemento que antecipa o marxismo, ou seja, o reconhecimento da divisão conflituosa da sociedade em classes antagonistas, e a ideia de que o poder do Estado não pode se exercer fora

---

8. Isso supõe uma outra questão: como Marx se posta sob a posição do proletariado? Em 1978, em um desses textos sobre a crise do marxismo, Althusser responde: partilhando os combates da classe operária. Isso põe, então, a questão da relação entre os intelectuais, as lutas operárias e as organizações da luta. Digamos que o pertencimento ao partido é a garantia de o intelectual estar ligado às massas, não ser uma *vox clamans in deserto*, ou seja, não estar sozinho.

das classes sociais. Isso distinguirá notadamente Maquiavel de toda uma tradição que faz do Estado a vontade universal, que não seria senão um reflexo da vontade ela mesma universal do cidadão (Althusser fundou assim toda sua leitura do *Contrato social* sobre a ideia que a teoria rousseauniana do Estado é uma teoria ideológica da denegação da existência de classes) (Althusser, 1998, p. 59-102). Maquiavel sustenta claramente, apoiando-se sobre o exemplo da Roma Antiga, que o Estado só pode durar se as leis estabilizarem as relações de força entre as classes; se a origem das leis é a agitação causada pelo povo a fim de refrear o desejo de dominação dos Grandes, e para conquistar uma forma de liberdade, então podemos dizer que o Príncipe deve apoiar-se sobre o povo contra os Grandes. Althusser mostra que Maquiavel sustenta "que vale mais ser príncipe do Povo que o Príncipe dos Grandes", no capítulo IX de *O Príncipe*: "não podemos honestamente e sem fazer mal aos outros, satisfazer os grandes, mas ao Povo, certamente sim; pois o desejo do povo é mais honesto que o desejo dos grandes, que buscam atormentar os pequenos, e os pequenos não o desejam de modo algum" (Machiavel *apud* Althusser, 2009, p. 114).

Acabamos de ver as antecipações importantes do marxismo por parte de Maquiavel, ou a inscrição de Marx, a despeito de sua própria solidão de fundador, numa tradição aberta por Maquiavel. No entanto, no que tange à questão que acaba de ser evocada, a tomada de partido na teoria condicionada por uma tomada de partido na política, Althusser nota a diferença essencial: não encontramos no *Manifesto do Partido Comunista* a dissociação entre o "sujeito" da prática política e o ponto de vista de classe. O proletariado ocupa os dois lugares, afinal, o manifesto é escrito do seu ponto de vista, e é ele que é chamado a tornar-se o agente da transformação revolucionária.

Depois de vermos o que significa pensar na conjuntura, entremos no detalhe da análise da prática política operada por Maquiavel.

2. A teoria maquiaveliana da revolução e do governo

Do que foi dito reteria, por ora, o seguinte: Maquiavel pensa uma tarefa que é a fundação de um Novo Estado que dure. Podemos dividir a exposição em duas, isto é, a teoria da fundação do Estado a partir do nada – a teoria do começo revolucionário do Estado – e a teoria da prática política do novo Príncipe que deverá fazer esse Estado durar. A esse respeito, podemos dizer que Althusser, distinguindo fundação e duração, resolve um problema clássico dos estudos maquiavelianos: Maquiavel parece monarquista n'*O Príncipe*, enquanto que nos *Discursos* parece republicano. Como explicar essa contradição? Althusser mostra que não há contradição se distinguimos fundação e duração. Para fundar um novo Estado, Maquiavel sustenta que é necessário um indivíduo virtuoso desconhecido e só, e que em seguida, para fazer o Estado durar, e não degenerar pela tirania, tal indivíduo deve tornar-se muitos, enquanto que o governo deve se tornar combinado. O importante é lembrar-se que o poder do Príncipe deve apoiar-se sobre o povo, ou seja, o Estado fundado deve ser popular.

2.1. A teoria da fundação revolucionária

Vimos que o problema posto por Maquiavel é o da fundação de um novo Estado e, para avançar o estudo dessa questão, é preciso recordar os elementos essenciais de sua teoria da conjuntura. No capítulo XXVI de *O Príncipe*, Maquiavel expõe a situação da Itália de seu tempo: fragmentada, parcelada, impotente face às invasões estrangeiras, em suma, uma miséria política, um vazio político, como diz Althusser, mas um vazio que aspira ao ser. Maquiavel chama essa situação miserável de matéria, e mais precisamente uma matéria sobre a qual pode ser introduzida uma forma, no caso, a forma de um novo Principado, que poderá unificar o país sob a autoridade do novo príncipe. Althusser diz que a máxima do pensamento de Maquiavel é pensar nos extremos, ou pensar no limite: passar para o limite. Pois que se trata de pensar um começo, que seja absoluto, isto é, inteiramente novo, ou seja, advindo do nada: o Príncipe que irá unificar o país pela conquista deve surgir do vazio, não pode ser senão absolutamente novo. O novo Príncipe e o novo Principado devem emergir juntos, e a passagem do homem privado ao Príncipe é chamada por Maquiavel, no capítulo VI de *O Príncipe*, de "aventura". Althusser busca enumerar as condições gerais dessa aventura, das quais duas reterei aqui.

Primeiramente, essa aventura reveste a forma do encontro feliz entre dois termos: entre as condições objetivas da conjuntura X de uma região indefinida, aquilo que Maquiavel chama de *Fortuna*, e as condições subjetivas de um indivíduo Y, igualmente indefinido, aquilo que Maquiavel chama de *virtù*. Já nos referimos ao indivíduo virtuoso para designar o Príncipe: só agora emprego o termo intraduzível de *virtù* para designar suas qualidades subjetivas. Não se trata de uma virtude moral – o que não quer dizer que o indivíduo virtuoso seja sistematicamente imoral –, trata-se da capacidade política de saber usar as qualidades (como a força e a astúcia) para lograr realizar uma tarefa política, sem identificar-se a qualidade alguma. Digamos que é o termo genérico para designar a capacidade política que deve colocar em ação o agente da prática política, ou, mesmo, que ela seja a função política portada integralmente pelo indivíduo.

O importante é ver que a teoria da conjuntura é uma teoria do encontro entre os elementos independentes entre si, daí seu caráter imprevisível e incalculável. É esse caráter aleatório do encontro histórico que faz a especificidade da teoria da conjuntura e a torna estranha a toda teoria que desejasse subsumir os casos particulares e singulares nas categorias gerais. Filosoficamente, diria que é nominalista (não existem senão casos particulares), e que faz toda realidade depender de uma contingência irredutível.[9]

O êxito da ação revolucionária depende então de um bom encontro entre as condições objetivas favoráveis e as capacidades subjetivas. Essa teoria da revolução como encontro entre esses dois tipos de condições, creio, não é inteiramente nova em Althusser, afinal, a encontramos em suas análises dos textos de conjuntura de Lênin em *Pour Marx*.[10] Como em Gramsci, que fez do partido leninista o novo *Príncipe*, as condições subjetivas são asseguradas pela existência de um partido revolucionário de vanguarda, mesmo se Althusser especifica, mais adiante, que são as massas populares (divididas em classe) que se lançaram ao assalto do regime existente. Podemos conceber uma síntese dessas duas formulações dizendo que são as massas, mas reagrupadas sob a direção do partido de vanguarda, que está apenas um passo à sua frente (segundo a fórmula de Lênin). No que tange às condições objetivas da conjuntura russa (um país semifeudal, engajado

---

9. Vemos que essa teoria é uma das fontes da última filosofia de Althusser: *a filosofia do materialismo do encontro que faz da necessidade o devir-necessário do encontro dos contingentes em vez de pensar a contingência como uma exceção à necessidade*. Na história da filosofia, Althusser faz referência a Cournot e sua definição do acaso como encontro entre séries causais independentes; outra pista, para sustentar tais posições, poderia ser buscada na obra *De la contingence des lois de la nature* de Emile Boutroux (1898).

10. "Lênin enxergava de forma justa, adiscernindo nesta situação excepcional e "insolúvel" (para as classes dirigentes) *as condições objetivas* de uma Revolução na Rússia, e forjando neste partido comunista, para que fosse uma corrente sem elo frágil, as condições subjetivas, o meio de assalto decisivo contra o elo frágil da corrente imperialista" (Althusser, 1996, p. 96).

numa guerra interimperialista que não poderia conduzir), Lênin enfatiza que as mesmas são compostas por correntes absolutamente heterogêneas.[11] Dito de outra forma, não é somente entre dois tipos de condições (objetivas e subjetivas) que há um encontro contingente (ele não é garantido por nenhuma necessidade), mas no seio mesmo das condições objetivas há um encontro entre as séries de correntes e fatores independentes.

Mas, nessa dualidade de condições, parece que, para Maquiavel, a condição subjetiva deve dominar a condição objetiva, pois, numa inspiração estoica, deve-se saber distinguir entre aquilo que depende de nós e aquilo que não depende. De forma exemplar, a *Fortuna* é um nome genérico do que não depende de nós. Ora, se a tarefa política é a fundação de um Estado que dura, é impossível que ela seja deixada aos caprichos da Fortuna: a segunda condição da aventura revolucionária é então que o indivíduo virtuoso domine seu começo através de sua *virtù* (não podendo, sequer por um momento, repousar em uma ocasião vantajosa). Em suma, trata-se de transformar um instante feliz em duração política.

A teoria da fundação revolucionária é, portanto, uma teoria da ação histórica que supõe uma filosofia da contingência e do encontro contingente; podemos dizer uma teoria geral do encontro (entre *Fortuna* e *Virtù*). Ora, não é isso que lhe confere seu caráter político, não é nesse sentido que Maquiavel é um pensador verdadeiramente político. O que impressiona Althusser nesse momento é o fato de Maquiavel deixar em branco o nome dos atores desse encontro: os termos permanecem desconhecidos. Não sabemos de que região surgirá o Príncipe, não sabemos nada sobre sua identidade uma vez que está, pessoalmente, ausente da teoria, mas sua ausência é uma ausência determinada. Alguém deve surgir para realizar sua função. Se quisermos nos deter em um pensamento político, a forma geral e abstrata da teoria deve ser lida como a apresentação de uma teoria filosófica da ação histórica, pois, de toda maneira, Maquiavel não desenvolve uma análise conceitual sobre as categorias de contingência e de necessidade. A forma geral, em sua abstração mesma, deixa um vazio em torno do nome dos atores, e, dessa forma, toma posição concretamente a respeito desse problema: nenhum indivíduo existente, nenhum príncipe das formas

---

11. "Se a revolução triunfou tão rápido... é unicamente porque, por conta de uma situação histórica de uma originalidade extrema, *as correntes absolutamente diferentes*, as tendências sociais absolutamente opostas, se fundiram com uma coerência notável" (Lênin apud Althusser, 1996, p. 179, nota 15).

políticas existentes da Itália é apto a realizar essa tarefa histórica. O anonimato não é uma simples imprecisão ou generalidade: é um saber positivo da insuficiência radical dos príncipes presentes da Itália, príncipes feudais passados-ultrapassados, representando esse passado do qual é necessário fazer tabula rasa. Reencontramos a ideia de que o começo, para ser começo verdadeiro, deve ser absolutamente novo, e deve romper absolutamente com o existente. Porém, esse apelo a um surgimento imprevisível e contingente não é uma visão do espírito, uma simples quimera, dado que Maquiavel encontra seu caráter realizável na aventura de César Bórgia. O exemplo de Bórgia, egresso da Romanha, para começar a conquistar o resto da Itália, parado depois pela doença contingente (quer dizer, atingido por uma fortuna infeliz), é a prova do caráter realizável da exigência posta por Maquiavel – a prova de que isso é possível é que isso foi real.

É nessa indecisão sobre o lugar e o agente da prática política revolucionária que reside o caráter propriamente político da teoria de Maquiavel, e é nisso que ela se distingue radicalmente de toda teoria que pretenda deduzir o particular do geral. Em *Pour Marx*, vimos nascer a exigência de uma redução da lacuna entre teoria e prática. Aqui, vemos, antes, que a teoria da prática política, se ela é política, deve manter a lacuna entre as determinações definidas (o estado da conjuntura, a teoria do encontro *Fortuna/virtù*) e o lugar e o agente da prática política: essa lacuna mantida e impossível de ser preenchida, diz Althusser, é "a presença da história e da prática política na teoria mesma" (Althusser, 2009, p. 143).

Podemos elaborar uma teoria do encontro singular dos fatores singulares, afinal, é fora do pensamento – fora da teoria – que se resolverá o problema posto pela necessidade desse encontro. A teoria só pode colocar a necessidade das condições por meio das quais ocorre o acontecimento, mas em caso algum indicar que elementos do real preencherão essas condições.[12]

---

12. Podemos nos perguntar se Althusser não reencontra aqui um filosofema vindo da crítica kantiana a todo argumento ontológico. A teoria só pode indicar a possibilidade do acontecimento revolucionário precisando suas condições necessárias. Ora, do ponto de vista do pensamento não há nenhuma diferença entre a realidade e a possibilidade do acontecimento, pois o real é apenas possível para o pensamento, possível ao qual agregamos a existência. Ora, a existência está fora do pensamento. Do ponto de vista teórico, não há nenhuma diferença entre a possibilidade e a realidade do acontecimento revolucionário; do ponto de vista da prática, há uma diferença, que não pode ser senão exterior ao pensamento, somente assinalável sob a forma da ausência (do nome dos fatores do acontecimento). Podemos mobilizar outra referência kantiana: a teoria do gênio. O gênio artístico cria obras de arte exemplares sem dispor antecipadamente de regras (gerais)

Depois de ter estudado a teoria do novo Príncipe, que é uma teoria da ação revolucionária, Althusser se interessará pela prática política desse novo Príncipe: se o problema é a fundação de um Estado nacional, então a prática política será a maneira de utilizar-se do poder de Estado, ao que teoria da prática política e teoria do Estado se juntam tendencialmente.

2.2. A teoria da prática política, ou teoria dos aparelhos de Estado

Althusser se apoia sobre os capítulos XI-XXIII de *O Príncipe* para analisar essa prática política. É aqui que está mais próximo de suas próprias pesquisas marxistas, notadamente de seu artigo "Ideologia e aparelhos ideológicos do Estado. Notas para uma pesquisa" (Althusser, 2012), no qual reformula tudo com a linguagem da tradição marxista[13], afirmando que o Príncipe de Maquiavel é o detentor do *poder do Estado*, o qual exerce por meio de meios e instrumentos chamados *aparelhos de Estado*. A teoria da prática política é então uma teoria do exercício do poder do Estado pelo viés dos aparelhos de Estado, mas, para prevenir uma leitura errônea, isto é, uma leitura jurídica dessa teoria, esclareço que o conceito de poder utilizado aqui não é um conceito jurídico. O exercício do poder não passa apenas pela lei, e, assim, não pode ser reduzido à concepção tradicional da soberania como o poder de fazer a lei (e de rompê-la). Com efeito, além do aparelho jurídico ou jurídico-político ("o sistema das leis") encontram-se dois aparelhos que exercem o poder segundo uma modalidade diferente: o exército, que é o *aparelho da força*, a religião e a representação ideológica do Príncipe junto ao povo, que constituem *o aparelho do consentimento*. Althusser se inspira aqui na definição de Estado dada por Gramsci: uma hegemonia (consentimento) munida de coerção (força). Em sua própria linguagem, Althusser falaria do Estado como o conjunto constituído pelo Aparelho jurídico-político, o Aparelho repressivo e os Aparelhos ideológicos. Mas conservaremos a ideia de que o poder se exerce seja de maneira

---

de acordo com as quais produzir a obra (singular). A obra é nova: ela não preexiste sob a forma de um possível que poderíamos fazer passar a existência pela aplicação de regras gerais. O gênio cria a obra e a regra de acordo com a qual produzir a obra: em seu ato, o geral e o singular são solidários, e indistinguíveis. Da mesma forma, o acontecimento revolucionário não é deduzível de uma teoria geral: ele não se antecipa num modelo geral.
13. Apoiando-se notadamente em Poulantzas (1968, p. 123-124).

prevalente à repressão ou à força, seja de maneira prevalente à ideologia. Assim, essa teoria de Estado ultrapassa um quadro simplesmente jurídico e, por isso, proponho chamá-la de teoria do governo. Para além das leis, trata-se, para o Príncipe, de governar a população pelo viés da força ou do consentimento.

Já foi dito que as leis do sistema jurídico-político são um instrumento de regulação da luta de classes, isso nos lembra de que a política do Príncipe é uma política que deve conter o desejo de dominação dos grandes e assegurar uma liberdade ao povo. Seu Estado deve ser então um Estado popular, um Estado enraizado no povo. Os dois outros aparelhos têm em comum o dever de realizar essa mesma política, seja o aparelho militar, seja o aparelho ideológico. Mas, tal como na tradição marxista, a qual Althusser faz uma reaproximação sistemática, Maquiavel defende o primado da força no sistema dos aparelhos de Estado: um Príncipe sem armas é tal qual um profeta desarmado (*O Príncipe*, VI). Por outro lado, a ideia interessante a esse respeito é que as armas exercem, igualmente, uma função ideológica: por sua reforma do recrutamento (recrutar nas camadas populares) e seu primado da infantaria sobre a cavalaria, as armas do novo príncipe participam da formação da unidade nacional e produzem o consentimento ideológico.

Quanto à ideologia – outra arma do Príncipe para assentar sua política –, é em si mesma dupla: fundada sobre a religião e sobre a imagem do Príncipe junto ao povo. A ideologia religiosa é a ideologia dominante da massa: dela, o príncipe deve se servir para assentar seu poder, uma vez que permite governar pelo temor (aos deuses) e fortalecer igualmente a *virtù* do povo, isto é, as condutas dignas do Estado. Considerar a ideologia e seus rituais como um aparelho ideológico não possui nada de surpreendente; em compensação, é bem mais surpreendente considerar a representação do Príncipe na opinião do povo, uma vez que Althusser a toma como uma peça da ideologia do Estado e mesmo como um aparelho ideológico do Estado. Para compreender como é produzida essa representação, Althusser propõe passar por trás da cena para descobrir o agente da prática ideológica: O Príncipe. Como Maquiavel o vislumbra? Como um indivíduo inteiramente político, um indivíduo inteiramente definido por sua função política, ou ainda, a função política tornada homem. Caracteriza-se por uma qualidade – a *virtù* – que não é nem moral, nem imoral, mas que se situa em outro nível, puramente político. A *virtù* é a capacidade política encarnada em um indivíduo. Ela se define como a reflexão, no indivíduo, da tarefa objetiva da conjuntura e, em seguida, como a posse das qualidades e meios a serem empregados para alcançar esse fim. Assim, a *virtù* consiste em saber quando ser moral e quando ser imoral: ela é um distanciamento com relação a todas as qualidades e o uso de uma dentre elas em função da circunstância e da tarefa a realizar. Não é preciso tentar pensar psicologicamente tal indivíduo, pois, na realidade, o indivíduo dotado de *virtù* não é nada além do que a pura função política, inteiramente dessubjetivada.

É no capítulo XVIII de *O Príncipe* ("Como os príncipes devem conservar sua fé") que Maquiavel expõe os princípios da prática política do novo Príncipe, isto é, o exercício em ato da *virtù* ou seu método de governar o povo. Maquiavel parte da imagem do Centauro para descrever o homem político: metade homem, metade besta. É homem quando recorre à moral e às leis, é besta quando recorre à força nos momentos em que a moralidade e as leis são impotentes. Mas, acrescenta Maquiavel, a besta se divide ela mesma em dois: em raposa e em leão. A raposa representa o domínio da astúcia, enquanto que o leão representa a força "feroz". Sem dúvida é a astúcia que melhor define a prática política do novo Príncipe, pois ela não se limita à guerra por truques ou artifícios militares, aplica-se igualmente no governo dos homens. De fato, observa Althusser, não há apenas duas maneiras de governar os homens, pela força e pelas leis, mas três, pelas leis, pela astúcia e pela força. É a astúcia que possui um estatuto particular em relação às duas outras, dado que não possui a existência objetiva de leis ou de força. Na realidade, está em posição de dominação em relação às duas outras: é o saber que distingue quando deve-se usar as leis e quando deve-se usar a força; encarna a verdadeira arte de governar do novo Príncipe. Althusser pode assim dizer:

> A astúcia não é então uma terceira forma de governo, *ela é um governo de segundo grau, ela é uma maneira de governar as duas outras formas de governo*: a força e as leis. Enquanto ela utiliza as armas, a astúcia é astúcia de guerra; enquanto ela utiliza leis, a astúcia é artimanha política. [...] O domínio da astúcia no Príncipe é a distância que o permite jogar, à vontade, com a existência da força e das leis e, no sentido mais forte da palavra, simulá-las. (Althusser, 2009, p. 165)

Podemos dizer que a astúcia é a própria encarnação da capacidade política do Príncipe colocada em prática: pura função política de cálculo dos modos de governo dos homens, função vazia que se preenche com qualquer qualidade adaptada às circunstâncias da ação. É aqui que podemos falar de uma arte de governar maquiaveliana, isto é, uma racionalização da prática política que antecipa a eficácia ou ineficácia de tal ou qual meio em função da circunstância.

Se retomássemos o paradigma da produção utilizado por Althusser em *Pour Marx* para pensar a prática, poderíamos dizer que a prática política opera sobre os homens (suas condutas, seus comportamentos), com a ajuda de utensílios de governo ("as leis, as armas, a religião"), para produzir relações sociais adequadas à existência de um Estado popular. Não podemos esquecer que todos esses instrumentos de governo possuem apenas um fim: produzir e reproduzir permanentemente, ou seja, fazer durar um Estado popular, um Estado que regula o conflito de classes apoiando-se sobre o povo.

Essa teoria da prática política é a teoria adaptada ao problema da conjuntura de Maquiavel. Ela está fundada sobre uma análise de exemplos de outros Estados, contemporâneos e antigos, e constitui uma racionalização da prática de governo a ser adotada para produzir o efeito desejado. Se retomarmos a questão da transposição dessa teoria no campo do marxismo, quais resultados poderemos obter? Não se trata de transpor mecanicamente a prática teorizada por Maquiavel, pois o problema colocado pela conjuntura é diferente. Desde o *Manifesto do Partido Comunista*, o problema é a revolução socialista devendo conduzir a uma sociedade sem classes e sem Estado. A teoria de Estado que esboça Althusser é uma teoria do Estado capitalista e da dominação de classe capitalista que oferece uma proposição de desmontagem dos mecanismos de poder que asseguram a reprodução das relações de produção capitalistas. O problema a tratar é, a princípio, o da revolução, ou o da tomada de poder do Estado. Num último momento, proponho-me a estudar os problemas colocados por uma reatualização do maquiavelismo no marxismo de Lênin e de Althusser.

3. O marxismo além da tomada de poder do Estado: uma arte socialista de governar?

3.1. Um maquiavelismo transposto ao marxismo?

A melhor transposição da teoria da conjuntura de Maquiavel, vimos, é efetuada por Lênin em seus textos sobre a revolução de 1917. Lênin compreende a possibilidade de revolução por meio do encontro de condições objetivas e condições subjetivas, e as condições objetivas (elas próprias o resultado de correntes heterogêneas), Lênin as resumiu em sua teoria do "elo mais fraco" (Althusser, 1996, p. 92): uma corrente vale o que vale seu elo mais fraco. Lênin tenta explicar a possibilidade de revolução na Rússia em função da posição que esse país ocupava na cadeia ou no sistema dos Estados imperialistas: a posição do elo mais fraco. Nesse país, a humanidade havia entrado numa situação objetivamente revolucionária, uma vez que os dirigentes não podiam mais continuar a governar como antes, e, por sua vez, os governados não podiam mais continuar sendo governados. O desencadear da guerra interimperialista torna a situação insustentável num país incapaz de conduzi-la.

Proponho que Althusser, em sua teoria do Estado elaborada em 1969, fornece uma transposição dessa teoria do elo decisivo (Althusser, 2012). Se o aparelho repressivo parece ser a parte mais rígida dos aparelhos de Estado, por outro lado, o sistema dos AIE (aparelhos ideológicos de Estado) parece mais vulnerável. Analisando esse sistema, Althusser realiza uma espécie de teoria da conjuntura, isto é, uma teoria dominada por uma tarefa histórica (a revolução) e que propõe uma análise dos fatores da conjuntura (os mecanismos de poder do Estado capitalista). No sistema dos AIE, trata-se de identificar um aparelho dominante (antes uma dupla de aparelhos), o aparelho escolar (o qual Althusser agrega ao aparelho familiar), aquele pelo qual se realiza de maneira dominante a inculcação da ideologia dominante que submete os indivíduos à ordem social. Esse aparelho ocupa uma posição paradoxal: ele parece ser ao mesmo tempo o mais forte e o mais frágil. Parece o mais forte quando a ideologia que veicula é invisível, ao ponto de o meio pelo qual se propaga ser apresentado como "neutro". Althusser utiliza uma metáfora musical para designar esse estado de fato: a música difundida pela escola no concerto dos aparelhos ideológicos é silenciosa e não é notada por ninguém (Althusser, 2012, p. 178). Não obstante, acrescenta, mais adiante, que as revoltas da juventude escolarizada (principalmente dos liceus e universidades) de Maio de 68 revelaram a luta (de classes) surda que se travava no aparelho escolar, na qual a aparente solidez desse aparelho se reverte em seu contrário. Podemos notar exatamente que a teoria de Althusser é uma teoria da conjuntura submetida aos acontecimentos e às lutas da conjuntura. A essa teoria, o filósofo acrescenta a ideia de que toda revolução social é precedida por uma longa luta de classe ideológica (dando exemplos de lutas ideológicas, que precederam a revolução francesa, em torno do aparelho religioso) (Althusser, 2012, p. 192), e indica um lugar da estrutura social em que acentua a luta ideológica para levar a uma revolução social. Assim, no sistema (ou na cadeia) dos AIE, o ponto mais vulnerável da estrutura social, o aparelho escolar, porque dominante, é o elo decisivo. No entanto, podemos nos perguntar se essa teoria, ao modo de uma denegação, não conduzirá a um "pequeno tratado de prática da revolução", visto que Althusser conclui, desse modo, o seguinte raciocínio:

> Não acabamos de propor um pequeno tratado da prática da revolução que poderia se formular nas regras seguintes:
>
> 1- começar por deflagrar a luta de classes em seus aparelhos ideológicos de Estado, garantindo que a 'ponta de lança' da luta seja dirigida contra o aparelho ideológico de Estado dominante (hoje a escola);
>
> 2- combinar todas as formas de luta de classe em todos os aparelhos ideológicos de Estado a fim de os sacudir ao ponto de tornar sua função de reprodução das relações de produção impossível e, em seguida,
>
> 3- todas as forças populares reagrupadas sob a direção do Partido Político revolucionário, aquele da classe revolucionária, ir ao assalto do poder do Estado, esmagando seu último aparelho: seu aparelho repressivo (polícia, CRS[14], etc., exército). (Althusser, 2012, p. 195)

Essa passagem problemática, bem próxima de uma denegação, permite-nos ressaltar uma grande diferença entre a posição de Maquiavel, tal como a analisa Althusser, e isso que seria uma transposição do maquiavelismo por Althusser em sua própria conjuntura. Vimos que Maquiavel, enquanto estudava as condições do acontecimento revolucionário (a fundação de um novo Estado), deixa em branco o nome do agente da política e faz do lugar que

---

14. CRS significa "Compagnies Républicaines de Sécurité", um órgão (não militar) da polícia francesa.

esse deveria ocupar um *lugar vazio* (isto é, indeterminado e não designável). Quem é tal agente, no próprio Althusser? Lendo a passagem precedente, não podemos dizer que o lugar esteja vazio: estaria, antes, completamente saturado pelo Partido revolucionário (Matheron *in* Althusser, 2009, p. 230-231). O único elemento maquiaveliano, autenticamente maquiaveliano, é então o fato contingente do encontro entre os elementos independentes que constituem a ocasião ou a "fortuna" que o Partido deve aproveitar. O Partido deve, então, para cumprir sua tarefa histórica e desempenhar sua função, se servir do encontro, dar-lhe consistência: utilizar-se da surpresa do acontecimento. Dissemos que a teoria do Estado e da dominação estatal de classe do manuscrito de 1969 foi produzida na conjuntura de Maio de 68.

Precisamente, qual foi a ação do Partido em 1968? Em 1969, Althusser não ousa dizer claramente ainda, mas, ao final dos anos 1970, no panfleto *Ce qui ne peut plus durer dans le parti communiste* ("O que não pode mais durar no partido comunista"), e em seus textos dos anos de 1980 (tanto o texto de 1982 sobre o materialismo aleatório quanto em sua autobiografia *L'Avenir dure longtemps*), sustenta, sem equívoco, que o Partido deixou passar a ocasião histórica de um encontro entre estudantes e trabalhadores e organizou deliberadamente sua separação.[15] Assim, em seu texto de 1982, diz que, na manifestação do 13 de maio de 1968, "os trabalhadores e os estudantes [...] se cruzam em seus longos cortejos paralelos mas *sem se unir*, evitando a todo preço se unir, se reunir, se tornar uma unidade, sem

---

15. É interessante notar que essa tese althusseriana é, desde 1968, o diagnóstico do coletivo de cineastas militantes reagrupados no Atelier de Recherche Cinématographique (ARC) em seu filme *O direito à palavra*. Após ter retomado a definição leninista da situação revolucionária como encontro entre impossibilidade para as classes dominantes de continuar a governar e a impossibilidade para os governados de continuar a ser governados como antes, o comentário off do filme defende que a revolução precisa de uma organização revolucionária dotada de uma teoria, o que corresponde bem à posição althusseriana. Mas acrescenta algo de estupefato: que o Partido, não preenchendo sua função histórica, deixa um lugar vazio que ocupa a ação dos estudantes. Althusser não poderia sustentar que os estudantes ocupam o lugar do Partido, mas pode reconhecer que o Partido estava ausente e que seu lugar se tornou vazio. O lugar que o Partido ocupa no aparelho político burguês o impede de tomar o lugar de agente revolucionário. Restituímos aqui o comentário off do filme, em torno dos 6 minutos e 43 segundos: "Uma crise revolucionária irrompe quando os que estão no topo (Estado, burguesia) já não podem governar, enquanto aqueles na parte inferior (trabalhadores, estudantes) não querem ser governados como antes. Para que aconteça a revolução, precisamos de mais duas coisas: uma organização, uma teoria revolucionárias. Faltavam uma e outra, a ação dos estudantes se instala no lugar vazio deixado pela organização revolucionária" (ARC, 2008).

dúvida alguma, sem qualquer precedente" (Althusser, 1994, p. 569). Na realidade, essa formulação é imprecisa, pois em sua autobiografia, Althusser esclarece que essa recusa de conjunção entre os elementos independentes é devido, antes de tudo, ao Partido que organizou a derrota do movimento:

> O Partido, como sempre perdendo o trem e aterrorizado pelos movimentos de massa, afirmando que estavam nas mãos dos esquerdistas (mas a culpa é de quem?), fez todo o possível para impedir o encontro, em combates violentos, das tropas estudantis e do ardor das massas operárias que conduziram a maior greve de massa da história mundial, indo ao ponto de organizar manifestações separadas. O Partido organizou, de fato, a derrota do movimento das massas forçando a CGT (contra a qual ele não necessitava usar a violência, em função dos seus vínculos orgânicos) a se sentar à pacífica mesa de negociações econômicas. (Althusser, 1994, p. 256)

O Partido, animado pelo medo de um movimento de massa que o escapasse, organiza a separação entre o movimento estudantil e o movimento operário, e prefere ficar no lugar que o delega o sistema do aparelho ideológico político de Estado, e, assim, o Partido troca o fim do movimento contra as negociações econômicas em curto prazo (por meio de seu sindicato, da CGT), e contra postos de deputados no Parlamento. Estamos o mais distante possível de uma situação caracterizada por um vazio: ao contrário, todos os lugares estão plenos e saturados. No limite, o Partido deveria esvaziar a situação existente, isto é, negar sua determinação de simples peça de um aparelho político parlamentar, e organizar outra política, fundada sobre a articulação de comitês de base. A política revolucionária não parece poder se dar a não ser que o agente político seja arrancado dos lugares e funções que o reservam os aparelhos de Estado, mas, para Althusser, ela não poderia dispensar a direção do Partido. Assim, sua posição consiste não em esperar um príncipe desconhecido e anônimo, mas lutar no interior do Partido para transformá-lo e revolucioná-lo. E, retomando o texto de 1969, que oferece uma espécie de metodologia da ação e da atitude a ser adotada pelo Partido em caso de situação revolucionária: apenas o momento da ação continua contingente e sem antecipação.

O que quer que seja essa vontade de racionalizar ou não a prática da revolução, enquanto estabelecemos que o acontecimento revolucionário é o acontecimento sem antecipação por excelência, todo esse neomaquiavelismo é uma teoria da tomada do poder de Estado conectada a uma teoria dos mecanismos de poder que asseguram a dominação de classe. Essa teoria corresponde ao primeiro aspecto da teoria maquiaveliana: o que será do segundo aspecto, quer dizer, do governo?

3.2. Uma teoria da prática do governo socialista?

Nós somos, desde então, confrontados com o paradoxo que já foi ressaltado anteriormente, isto é, se Maquiavel pensa as condições da duração de um Estado popular, os marxistas devem pensar as condições de esmorecimento do Estado, ou, segundo outros termos, as condições de depredação do Estado – um Estado que se encaminha para sua abolição. Trata-se então de destruir ou de transformar os aparelhos de Estado, de mudar a relação das massas em relação aos aparelhos de Estado, ou seja, fazer com que as massas populares controlem realmente os aparelhos. Na tradição marxista, é a noção de "ditadura do proletariado" que é restabelecida. Althusser defende a pertinência desse conceito em 1978 (Althusser, 1994, p. 442), enquanto que o PCF o abandonou, quando afirma que a revolução deve consagrar a dominação do proletariado e que esta deve se exercer sobre o aparelho produtivo (por meio de estatizações, do controle operário da produção, etc.), sobre o aparelho político (por um Conselho nacional formado por delegados de conselhos locais) e nas formas ideológicas (o que Lênin chamou de "revolução cultural"). Podemos dizer que se trata de uma prática de governo revolucionário.

Se tomarmos o caso da revolucionarização do aparelho político, podemos dizer que o modelo revolucionário por excelência é a Comuna de Paris, apresentada por Marx como um "governo da classe operária". Este substitui o exército permanente por um povo em armas, e o parlamentarismo e o funcionalismo pela subordinação direta dos eleitos ao conjunto do povo (Balibar, 1974, p. 87). Lênin, em *O Estado e a revolução*, vê um Estado que já não é mais Estado: um Estado que tende a ser um não Estado, isto é, um Estado em que as massas não são afastadas da direção política como no Estado burguês representativo.

Gostaria de finalizar ressaltando as dificuldades da prática política revolucionária. Limitar-me-ei a dois pontos: primeiramente, a questão do aparelho político. O paradoxo é que o fracasso da Comuna é, para Lênin, a situação que colocou o problema da eficácia da organização das lutas revolucionárias, e Lênin propôs como solução o partido de vanguarda. Pois, se a revolução de 1917 em seu momento efervescente conhece bem um momento de duplo poder, entre o poder central e o poder dos Sovietes, a continuação da revolução vai consagrar o poder do partido. Reencontramos espantosamente o problema do Príncipe maquiaveliano: para evitar se tornar um tirano, após a fundação revolucionária do Estado, ele deve se tornar "muitos". A questão, para o leninismo, que faz do Partido o novo Príncipe, é lutar contra sua burocratização e sua ruptura em relação às massas. Os problemas maquiavelianos parecem subsistir além de sua conjuntura.

Em seguida, tomemos o caso do aparelho produtivo. A esse respeito, poderíamos nos referir às análises de Robert Linhart (1976) sobre a introdução do fordismo no sistema produtivo soviético, mas me reportarei, antes, às observações críticas de Foucault sobre o socialismo, seja nos cursos proferidos no Collège de France ou nas entrevistas de *Ditos e escritos*. De fato, o interesse dessas observações é que vão além da análise do aparelho produtivo, estendendo-se à análise do funcionamento dos dispositivos concretos de poder. Partirei de uma consideração de Foucault no curso de 1979, *Nascimento da biopolítica*, mas que ilustrarei por duas entrevistas anteriores a esse curso. Na lição de 31 de janeiro 1979, Foucault defende uma tese simples, mas forte: é preciso abandonar a questão de saber se existe no marxismo uma teoria satisfatória do Estado e destacar uma falta crucial, que é a ausência, no socialismo, de uma arte específica de governar, quer dizer "uma medida racional e calculável da amplitude das modalidades e dos objetivos da ação governamental" (Foucault, 2004 [1978-1979], p. 93). Foucault diz simplesmente que o socialismo (historicamente existente) foi incapaz de inventar uma nova maneira de praticar a política e de racionalizar a ação do governo dos homens. Essa lacuna no socialismo eu gostaria de ilustrar por meio das considerações que Foucault faz em uma etapa anterior de sua reflexão, em 1976, em duas entrevistas incluídas em *Ditos e escritos*.

Assim, na entrevista que concedeu aos geógrafos da revista *Hérodote*, Foucault defende que seu trabalho da primeira metade dos anos de 1970 evitava focar unicamente sobre o aparelho de Estado no sentido corrente (jurídico) do termo para concentrar-se sobre as micropráticas sociais governadas por dispositivos de poder. Essa precaução metodológica lhe permite relativizar a importância concedida pelo neomaquiavelismo leninista à tomada de poder do Estado enquanto, por outro lado, os múltiplos dispositivos de poder da sociedade não são revolucionados, e assim conclui sobre a sociedade soviética:

> Temos com a sociedade soviética o exemplo de um aparelho de Estado que mudou de mãos e que deixa as hierarquias sociais, a vida em família, a sexualidade, o corpo quase como se estivessem numa sociedade capitalista. Os mecanismos de poder que atuam no local de trabalho, entre o engenheiro, o contramestre e o operário, vocês acreditam que eles são tão diferentes na União Soviética quanto aqui? (Foucault, 2001, p. 36)

Se nos exprimirmos em sua linguagem de 1979, isso significa que a prática de governo socialista, no que concerne ao funcionamento do aparelho produtivo, não existe, por assim dizer. Em outra entrevista do ano de 1976, concedida ao *Nouvel Observateur* a propósito da União Soviética, retorna a essa questão e defende, de maneira mais geral ainda, que as técnicas disciplinares elaboradas na sociedade capitalista (disciplina escolar, disciplina de local de trabalho, disciplina militar, todas as técnicas disciplinares existentes) foram transferidas na sociedade soviética, colocando, assim, o problema da ruptura do socialismo com o capitalismo. Foucault conclui esse raciocínio dizendo que:

> Da mesma forma que os Soviéticos utilizaram o taylorismo e outros métodos de gestão experimentados no Ocidente, eles adotaram nossas técnicas disciplinares acrescentando ao arsenal que aperfeiçoamos uma nova arma, a disciplina do partido. (Foucault, 1976, p. 65 *in* Foucault, 2001)

Além de destacar o problema que coloca, no sistema produtivo soviético, a introdução da racionalização tayloriana do trabalho que visa a uma expropriação dos saberes operários e a uma dominação dos trabalhadores diretamente por meio dos planejadores do trabalho no processo de produção, Foucault chama nossa atenção para a homologia entre a disciplina do local de trabalho e a disciplina do partido. De fato, o próprio Lênin indicou que a eficácia do partido revolucionário deveria se calcar sobre a disciplina do aparelho produtivo capitalista.[16] Em seus cursos no Collège de France, nos anos de 1980, Foucault insistiu por duas vezes sobre o esgotamento da subjetividade revolucionária em função de sua integração no partido

---

16. "A disciplina que convém à organização revolucionária é aquela que o capitalismo ensina na escola da fábrica" (Rancière, 2011, p.180) (cf. Lênin. "Un pas en avant, deux pas en arrière". *Œuvres*, Paris : Editions sociales, t. XXVII, p.267).

(Foucault, 2001, p. 199-200; Foucault, 2009, p. 169-172). Para concluir esse resumo das dificuldades da prática política revolucionária, penso que podemos legitimamente defender a seguinte posição: se seguirmos Foucault e se vislumbrarmos no leninismo um maquiavelismo do proletariado, isto é, uma teoria da prática da tomada de poder do Estado tendo por finalidade seu esmorecimento revolucionário, podemos apontar nesse neomaquiavelismo, por outro lado, a ausência da invenção de um novo exercício do poder, de uma arte de governar especificamente socialista que rompe realmente com as técnicas de poder da sociedade burguesa. Minha hipótese é que, então, se seguirmos Foucault, entre a teoria da tomada revolucionária do poder do Estado (que depende de uma teoria da dominação do Estado burguês) e o objetivo de seu esmorecimento, falta uma arte de governar especificamente socialista:

> Entre a análise do poder no Estado burguês e a tese de seu esmorecimento futuro faltam a análise, a crítica, a demolição, a desestabilização dos mecanismos de poder. O socialismo, os socialismos não precisam de uma carta de liberdade ou de uma nova declaração dos direitos: fácil, então inútil. Se querem merecer ser amados e não mais rejeitados, se eles querem ser desejados, eles precisam responder a questão do poder e de seu exercício. Eles precisam inventar um exercício do poder que não provoque medo. (Foucault, 2009, p. 74)

Referências bibliográficas

ALTHUSSER, L. *Pour Marx*. Paris: La Découverte, 1996.

_____. *Sur la reproduction*. Paris: PUF, 2012.

_____. "Lettre à Franca 29 septembre 1962". In: *Lettres à Franca* (1961-1973). Paris : Stock/IMEC, 1998.

_____. "Sur le 'Contrat Social'". In: *Solitude de Machiavel*. Paris: PUF, 1998.

_____. "Sur Marx et Freud". In: *Ecrits sur la psychanalyse*. Paris: Stock/Imec, 1993.

_____. "Marx dans ses limites". In: *Ecrits politiques et philosophiques*. V. I. Paris: Stock/Imec, 1994.

_____. *L'Avenir dure longtemps, suivi de Les Faits*. Paris: Stock/IMEC, Le Livre de Poche, 1994 (*édition augmentée*).

_____. "Le courant souterrain du matérialisme de la rencontre" (1982). In: *Ecrits philosophiques et politiques.* V. I. Paris: Stock/IMEC, 1994.

_____. "Le goût de l'histoire". In: *Machiavel et nous.* Paris: Tallandier, 2009.

_____. "Machiavel et nous". In: *Ecrits philosophiques et politiques*, V. II. Paris: Stock/Imec, 1995.

_____. "Philosophie et marxisme. Entretiens avec Fernanda Navarro (1984-1987)". In: *Sur la Philosophie.* Paris: Gallimard, 1994.

_____. "Sur le 'Contrat Social'". In: *Solitude de Machiavel.* Paris: PUF, 1998.

ARC (Atelier de Recherche Cinématographique). Collectif. *Le droit à la parole* (1968). In: *Le cinéma de Mai 68.* Une histoire. v. I, DVD 2, Editions Montparnasse, 2008.

BADIOU, A. "Qu'est-ce que Louis Althusser entend par 'philosophie'?" In: LAZARUS, S. (org.). *Politique et philosophie dans l'œuvre de Louis Althusser.* Paris: PUF, 1993.

BALIBAR, E. *Cinq études du matérialisme historique.* Paris: Maspero, 1974.

BOUTROUX, E. "De la contingence des lois de la nature (1898)". In: <https://archive.org/stream/delacontingenceoobout#page/n7/mode/2up>.

CROCE, B. *Matérialisme historique et économie marxiste.* Paris: Giard, 1901.

FOUCAULT, M. *L'Herméneutique du sujet. Cours au Collège de France. 1981-1982.* Paris: Hautes Etudes Gallimard Seuil, 2001.

_____. *Le courage de la vérité. Le gouvernement de soi et des autres II. Cours au Collège de France. 1984.* Paris: Hautes Etudes Gallimard Seuil, 2009.

_____. "Michel Foucault. Crimes et châtiments en URSS et ailleurs…" In: *Dits et écrits II. 1976-1988.* Paris: Gallimard, 2001.

_____. "Questions à Michel Foucault sur la géographie". In: *Dits et écrits II. 1976-1988.* Paris: Gallimard, 2001.

_____. *Naissance de la biopolitique. Cours au Collège de France. 1978-1979.* Paris: Hautes Etudes Gallimard Seuil, 2004.

LAZARUS, S. (dir.). *Politique et philosophie dans l'œuvre de Louis Althusser.* Paris: PUF, 1993.

LÊNIN, V. "Un pas en avant, deux pas en arrière". In: *Œuvres.* Paris : Editions sociales, t. XXVII, 1904. In: <https://www.marxists.org/francais/lenin/works/1904/05/vil19040500.htm>.

_____. "Lettres de loin". v. I. In: *Œuvres*. Paris: Editions sociales, t. XXIII, 1917. <https://www.marxists.org/francais/lenin/works/1917/03/vil19170320.htm>.

LINHART, R. *Lénine, les paysans, Taylor*. Paris: Seuil, 1976.

MACHIAVEL, N. *Le Prince. Œuvres complètes*. Paris: Gallimard (Bibliothèque de la Pléiade), 1952.

MATHERON, F. "La récurrence du vide chez Louis Althusser". In: ALTHUSSER, Louis. Machiavel et nous. In: *Ecrits philosophiques et politiques*, t. II. Paris: Stock/Imec, 1995.

POULANTZAS, N. *Pouvoir politique et classes sociales*. V. I. Paris: Maspero, 1968.

RANCIÈRE, J. *La leçon d'Althusser*. Paris : La Fabrique, 2011.

TERRAY, E. "Une rencontre entre Althusser et Machiavel". In: LAZARUS, Sylvain (org.). *Politique et philosophie dans l'œuvre de Louis Althusser*. Paris: PUF, 1993.

FOUCAULT, MAQUIAVEL E A CRÍTICA DA RAZÃO POLÍTICA MODERNA[1]

Helton Adverse

Introdução

Durante a década de 1970, alguns dos mais importantes filósofos políticos franceses tiveram sua atenção voltada a Maquiavel. Lefort, Althusser e Foucault cederam lugar – mais ou menos destacado em seus trabalhos reflexivos – ao pensamento de Maquiavel. No caso dos dois primeiros, o encontro com Maquiavel foi a ocasião seja para a formulação mais precisa de suas teses fundamentais seja para a reformulação profunda de suas convicções teóricas. Com Foucault a situação é muito diferente. Além de relativamente escassas (quando temos em mente o volume de sua produção intelectual), as referências a Maquiavel não parecem desempenhar uma função crucial em seu desenvolvimento argumentativo. Vale observar ainda que, na maior parte das vezes, Foucault evoca o nome de Maquiavel para mostrar as diferenças entre a forma de racionalidade política que investiga no quadro de sua genealogia do poder moderno e aquela que encontramos no autor de *O Príncipe*, como se a imagem de Maquiavel aparecesse somente "em negativo".

Colocada nesses termos, a relação entre Foucault e Maquiavel não parece, obviamente, constituir um bom tema de pesquisa. Contudo, há uma

---

1. Este texto consiste em uma versão ligeiramente modificada de artigo publicado no vol. 23, n. 46, da *Revista Filosófica de Coimbra*. Agradeço ao editor desse periódico por autorizar sua nova publicação.

imagem de Hegel, construída pelo próprio Foucault, que dá a caução para outra atitude interpretativa: quem sabe Maquiavel não seria, exatamente como Hegel, alguém de quem não podemos realmente escapar sem que esteja devidamente compreendido o que é necessário para essa ruptura? Talvez seja imprescindível saber até onde Maquiavel, mesmo insidiosamente, está próximo de nós. Isso suporia saber, naquilo que nos leva a pensar contra Maquiavel, o que é ainda maquiaveliano, e aferir em que medida nosso recurso contra ele não seria ainda uma astúcia que ele mesmo nos opõe, ao término da qual ele nos espera, imóvel e ao mesmo tempo em outro lugar.[2] Acredito que a necessidade de se situar fora do território maquiaveliano, premente em Foucault, é o indício seguro de que certas questões que Maquiavel coloca ao pensamento político ecoam ainda no trabalho de Foucault, *malgrado ele*, mas *não contra ele*. Mas isso não é tudo. Para falar a verdade, não é o objetivo deste trabalho demonstrar que Foucault, sem saber, e mesmo à revelia, foi capturado pele rede de Maquiavel. O que desejo é algo distinto. Gostaria de, partindo de um conjunto de problemas que Foucault investiga em seus cursos no Collège de France, avançar algumas considerações a respeito de Maquiavel e, mais especificamente, a respeito de sua concepção do poder político, sobretudo no que concerne à questão da soberania e à arte de governar.

Guerra e História

Dois textos são fundamentais: o curso de 1976, *Il faut défendre la société*, e o curso de 1978, *Sécurité, territoire, population* (Foucault, 2004a; 2004b)[3], valendo a pena começar pelo primeiro. O eixo em torno do qual gira o curso de 1976 é familiar ao universo maquiaveliano: trata-se de pensar a relação entre política e guerra.[4] Foucault está ciente de que, na história

---

2. Faço aqui uma paráfrase de Foucault (1971, p. 74-75) em *L'ordre du discours*.

3. A esses cursos vale acrescentar duas conferências nos EUA, "Omnes et Singulatim" e "La Technologie Politique des Individus". Ambas publicadas em Foucault (1994, p. 134-161; p. 813-828).

4. Mas vale observar que a visão da política a partir do prisma da guerra remonta ao curso de 1972-1973, *La société punitive* (2013). Com efeito, na aula de 10 de janeiro de 1973, Foucault apresenta a hipótese que organizará seu estudo acerca das práticas punitivas e do poder disciplinar que as informa: a guerra civil constitui a "matriz no interior da qual os elementos do poder vêm atuar", ou ainda, "o exercício cotidiano do poder deve poder (sic) ser considerado como uma guerra civil" (Foucault, 2013, p. 33).

do pensamento político, Maquiavel, ao lado de Hobbes, é um dos autores frequentemente reconhecidos como defensores de um belicismo político. De sua perspectiva, porém, não é exatamente isso o que os textos desses autores nos revelam (Foucault, 2004a, p. 19). Muito pelo contrário, Hobbes e Maquiavel são "pensadores da paz". Se a argumentação de Foucault a respeito de Hobbes é razoavelmente convincente, o mesmo não se pode dizer de Maquiavel. Porém, como meu objetivo não é fazer a retificação da interpretação de Foucault, quero ressaltar o seguinte aspecto de suas análises: no começo da modernidade, a partir do final do século XVI e do início do século XVII, vemos aparecer, no domínio da reflexão política, o pressuposto de que a política é a guerra continuada por outros meios. Isso significa que o famoso aforismo de Carl von Clausewitz ("a guerra é a política continuada por outros meios") consiste em uma inversão tardia do primeiro aforismo e o trabalho que se propõe o genealogista é o de novamente promover uma inversão para compreender alguns traços fundamentais da gênese da racionalidade política moderna. Na verdade, o que deseja Foucault é, por meio da investigação genealógica, trazer de volta à luz um saber político que teria sido silenciado, relegado ao esquecimento, "assujeitado" (Foucault, 2004a, p. 10-11), precisamente aquele que erige a guerra como modelo de compreensão da política.

A "liberação" desse saber (ou desses saberes) interessa a Foucault porque preconiza uma crítica à concepção de poder dominante no mundo ocidental desde, pelo menos, a Idade Média, a saber, aquela que Foucault denomina, de modo geral, de concepção "jurídico-política" ou de "poder de soberania".[5] Essa crítica se articula por meio de uma concepção "histórica" do poder na qual são enfatizadas as lutas travadas no interior do campo político e as estratégias utilizadas pelos adversários. Consequentemente, trata-se de um saber político que recusa a fundação do poder no direito e é refratário ao discurso teórico unitário, englobante e universal. Levando isso em consideração, não é difícil intuir o ganho teórico de Foucault ao empreender a análise histórica desse esquecido discurso político: por meio dela é possível fazer uma "teoria da dominação", a qual deve "partir da própria relação de poder, da relação de dominação no que ela tem de factual, de efetivo" (Foucault, 2004a, p. 38).

---

5. A esse respeito vale a pena conferir também o curso de 1974, *O poder psiquiátrico* (2003), assim como *Vigiar e punir* (1975) e o primeiro volume da *História da sexualidade* (1976).

Nesse sentido, sua crítica às teorias da soberania não se limitam a mostrar sua insuficiência em fornecer uma chave compreensiva das relações de poder na sociedade moderna. Tais críticas tocam em um ponto mais problemático: o conceito de soberania, noção chave nessa abordagem do fenômeno político, tem de ser inserido no próprio processo de dominação. Isso porque, no quadro das teorias de soberania, o direito fornece a armadura teórica graças à qual o soberano encontra a base legítima para a dominação e – o que é igualmente importante – dissimular a própria dominação:

> A teoria do direito tem essencialmente por papel, desde a Idade Média, fixar a legitimidade do poder: o problema maior, central, em torno do qual se organiza toda a teoria do direito é o problema da soberania. Dizer que o problema da soberania é o problema central do direito nas sociedades ocidentais significa que o discurso e a técnica do direito tiveram essencialmente por função dissolver, no interior do poder, o fato da dominação, para fazer aparecer no lugar desta dominação, que era desejável reduzir ou mascarar, duas coisas: de um lado, os direitos legítimos da soberania e, de outra parte, a obrigação legal da obediência. O sistema do direito está inteiramente centrado sobre o rei, quer dizer que ele é a evicção do fato da dominação e de suas consequências. (Foucault, 2004a, p. 21)

Contudo, é imprescindível notar que essa "evicção" não resulta de uma estratégia adotada por um agente político exterior às relações de soberania. Dizendo de outra forma, o poder soberano não está a serviço de interesses que poderiam ser identificados com uma classe ou algo que o valha. Se essa fosse a convicção de Foucault, não faria outra coisa a não ser restituir a desgastada noção de "ideologia". Antes, devemos notar que a soberania, por estar atrelada a uma concepção jurídica do poder, *implica* o mascaramento da dominação. O poder soberano está sempre na legalidade, mesmo quando exerce a prerrogativa que lhe é peculiar de suspender o direito.[6]

---

6. Vale observar que, no curso de 1978, sua compreensão da questão da soberania parece ter se refinado: uma vez que o objetivo da soberania é assegurar a obediência à lei, ela visa, em última instância, a si mesma (Foucault, 2004b, p. 102). Mas ela somente pode assegurar a obediência por meio da própria lei que instaura. É essa "circularidade" da soberania que permite dissolver a dominação, afinal, ela está sempre na legalidade. A esse respeito, ver também Berns (2005, p. 44-46). Mais ainda, poderíamos acrescentar, a legalidade do poder soberano pressupõe então a existência de um sujeito de direito e fundamenta a necessidade da obediência. Desse modo, pela legalidade, que é o meio em que se exerce o poder soberano, chegamos a sua legitimidade.

A genealogia dos discursos assujeitados, para além de desvelar o mecanismo de dominação colocado em prática pela teoria da soberania, deseja restituir a história de um discurso que abertamente reconheça no fundamento das relações de poder o fenômeno da dominação e que evidencie que nas origens do direito está o fato primeiro da violência e do conflito. Por essa via, será possível fazer a crítica do discurso de soberania ao evidenciar as associações entre o direito e as técnicas de assujeitamento:

> O sistema do direito e o campo judiciário são o veículo permanente das relações de dominação, de técnicas de assujeitamento polimorfas. O direito, é preciso vê-lo, creio, não do lado de uma legitimidade a fixar, mas do lado dos procedimentos de assujeitamento que ele coloca em obra. Logo, a questão, para mim, é curto-circuitar ou evitar o problema, central para o direito, da soberania e da obediência dos indivíduos submetidos a essa soberania, e fazer aparecer, no lugar da soberania e da obediência, o problema da dominação e do assujeitamento. (Foucault, 2004a, p. 25)

E onde Foucault vai encontrar os discursos que veiculam outra concepção do político? Precisamente nos discursos dos opositores à causa da soberania no contexto do absolutismo monárquico, isto é, no período que se estende do final do século XVI até meados do século XVIII, chegando até mesmo à França revolucionária. O espectro desses opositores é bastante amplo e variado, incluindo os adeptos da causa parlamentar na Revolução Inglesa, no século XVII, em suas facções mais radicais (Diggers e Levellers), mas também no meio aristocrático. Inclui também parte da nobreza francesa que se vê desprestigiada com o excesso de autoridade de Luís XIV (especialmente Henri de Boulainvilliers). Obviamente, todos eles desejam uma parcela do poder, ou mesmo a hegemonia política. Mas o que vale a pena notar é o conjunto de ideias que mobilizam para validar suas reivindicações: o ponto em comum é a tentativa de desarticular o direito que legitima o poder do soberano por meio de uma "história das raças" que irá revelar que a origem do poder atual é a usurpação. Seja na França ou na Inglaterra, a remissão a um momento passado na história de uma "nação", anterior à invasão e à conquista de seu território, permite colocar em xeque a legitimidade do poder atual, ou ao menos limitá-lo. Assim, no caso inglês, os inimigos da causa realista evocam o direito saxão que prevalecia anteriormente à chegada dos normandos, de modo a sugerir que os conquistadores tiveram de se submeter aos costumes dos conquistados para poder governar, e não o contrário. Desse modo, encontram uma escora para impor ao poder do rei uma limitação a seu exercício. Mas no caso dos mais radicais, como os Diggers, trata-se de recusar frontalmente a tese de que a conquista engendra direito pela denúncia de que todo poder está assentado na dominação. O que a história revela, para esses radicais, é a dominação violenta do homem sobre o homem assegurada pela lei, pelo direito à propriedade e pela diferença econômica refletida na hierarquia social (Foucault, 2004a, p. 94-95).

Não sendo possível detalhar, como Foucault, os discursos de cada uma dessas "facções", vale a pena chamar a atenção para o fato de que todas se servem da história como ferramenta política, o que termina por fissurar a unidade do discurso do Estado soberano e colocar no centro do campo político as particularidades e os conflitos. Se retivermos esse ponto, compreenderemos a interpretação que Foucault faz de Maquiavel. Mas antes de chegar a ela, vale lembrar sua interpretação de Hobbes. Segundo Foucault, sua ciência civil deve ser compreendida como uma resposta, em favor da unidade do Estado, frente a todas essas teorias que historicizam o conflito e evocam a noção de raça. O esforço de Hobbes, por meio de sua teoria jurídico-política da representação, será o de encontrar um fundamento comum para a legitimidade do poder soberano e da conquista que termine por eliminá-la como operador político. O que fundamenta o poder é o contrato, não importando as condições em que se realize (seja no Estado por instituição seja por conquista) (Foucault, 2004a, p. 75-85). A teoria hobbesiana do estado de natureza forneceria os subsídios para essa afirmação demonstrando que, ao contrário do que possa parecer, trata-se de uma descrição de uma condição não de uma guerra efetiva, mas de sua teatralização. Assim, a guerra se dá como possibilidade, mas jamais como pura efetividade, pois se ela ocorresse, teríamos vencedores e vencidos e, consequentemente, a instituição de uma autoridade, mesmo que instável. Hobbes é, portanto, o pensador da paz.

Sem desejar colocar em questão a leitura foucaultiana de Hobbes, convém observar sua tentativa, não muito desenvolvida, porém, de aproximá-lo de Maquiavel (Foucault, 2004a, p. 19-51). Foucault parece convencido de que também o florentino, apesar das aparências, não é um pensador da guerra. E por quê? A resposta tem a ver com a "teoria" da história.

O ponto central da argumentação de Foucault é o de que Maquiavel não foi capaz de fazer um "discurso de guerra" porque não articulou um discurso histórico que de fato rompesse com a história tradicional, que exaltava Roma e que se constituía como um "operador do poder". Ou seja, Maquiavel não antecipa a história das raças que irá caracterizar, nos séculos seguintes, a oposição ao absolutismo monárquico.

Para compreender melhor a questão, vale lembrar que a "história tradicional" é definida por Foucault nos seguintes termos: "Parece-me que a função tradicional da história, desde os analistas romanos até tarde na Idade Média, e talvez no século XVII mais tardiamente ainda, foi dizer o direito do poder e dele intensificar o brilho" (Foucault, 2004a, p. 58). Essa história, que em última instância visa à conservação do poder soberano, opera por meio da rememoração dos fatos passados, da reconstrução das genealogias e da circulação dos exemplos, tendo sempre em vista manter diante dos olhos a necessidade de submissão ao poder. Reproduzo uma passagem crucial:

> A história é o discurso do poder, o discurso das obrigações pelas quais o poder submete. É também o discurso do brilho pelo qual o poder fascina, aterroriza, imobiliza. Logo, ligando e imobilizando, o poder é fundador e garantidor da ordem; e a história é precisamente o discurso pelo qual essas duas funções que asseguram a ordem vão ser intensificadas e se tornarão mais eficazes. De uma maneira geral podemos dizer que a história, até tarde em nossa sociedade, foi uma história da soberania, uma história que se desdobra na dimensão e na função da soberania. É uma história 'jupiteriana'. Nesse sentido, a história, tal como era praticada na Idade Média, estava ainda em continuidade direta com a história dos romanos; a história, tal como a contavam os romanos, aquela de Tito Lívio ou dos primeiros analistas. E isso não somente na forma mesma do relato, não somente pelo fato de que os historiadores da Idade Média jamais viram diferenças, descontinuidades, rupturas entre a história romana e a sua. A continuidade entre a história tal como se praticava na Idade Média e a história tal como se praticava na sociedade romana era mais profunda ainda, na medida em que o relato histórico dos romanos, como aquele da Idade Média, tinha uma certa função política, que era precisamente ser um ritual de reforço da soberania. (Foucault, 2004a, p. 60)

Embora Foucault não diga explicitamente que a história em Maquiavel está em continuidade com a história "tradicional", não há dúvidas de que acredita na existência de fortes afinidades entre uma e outra forma de escrita. Como prova, podemos recorrer a duas passagens do curso de 1976.

Na primeira, Foucault relembra o apelo de Petrarca por uma história que não faça o louvor de Roma (Foucault, 2004a, p. 60).[7] De seu ponto vista, Maquiavel não escutou a esse apelo, tendo sido necessário alguns séculos até que surgisse uma história que desconstruísse o mito de Roma, isto é, a história das lutas de raças (Foucault, 2004a, p. 65). Na segunda, após uma exaustiva exposição acerca da história em Boulainvilliers, Foucault afirma o seguinte:

> [...] em Maquiavel a história não é o domínio em que ele vai analisar as relações de poder. A história, para Maquiavel, é simplesmente um lugar de exemplos, uma espécie de coletânea da jurisprudência ou de modelos táticos para o exercício do poder. A história, para Maquiavel, somente registra relações de força e os cálculos aos quais essas relações deram lugar. (Foucault, 2004a, p. 151)

A presença dessa afirmação na sequência da exposição sobre Boulainvilliers é emblemática. Foucault tem clara consciência de que seu ouvinte está pensando em Maquiavel quando destaca o caráter "relacional" do poder em Boulainvilliers[8]. Esse caráter "relacional" consiste no seguinte: o poder não é essencialmente adequado à forma jurídica da soberania uma vez que se constitui como relação em um campo de forças. O que Boulainvilliers havia descoberto (e que tanto fascina Foucault) é o fato de o conflito e de a guerra recobrir todo o domínio do direito e do poder. É o fato também de o poder – na medida em que resulta dos confrontos que se dão não somente no exterior, mas, sobretudo no interior do Estado – penetrar todo o corpo social (Foucault, 2004a, p. 144). Maquiavel, diz Foucault, embora tenha analisado essas relações de força, termina por daí extrair algumas prescrições estratégicas (Foucault, 2004a, p. 150), sem, contudo, ter sido capaz de formular um pensamento político que rivalizasse com a concepção jurídico-política de poder.[9] Se Boulainvilliers o fez, foi

---

7. Trata-se de uma passagem da *Invectiva contra eum qui maledixit Italiae*. Foucault a cita novamente na p. 125.

8. Henri de Boulainvilliers é quem, de modo mais sofisticado em sua história dos germânicos, defende a limitação do poder do soberano por meio de uma história da nobreza francesa, a qual deve "tomar consciência" de sua classe e produzir um saber sobre sua condição que possa efetivamente operar no campo político (cf. Foucault, 2004a, p. 125-48).

9. Em *A vontade de saber*, o mesmo ponto de vista é defendido, embora formulado de maneira diferente: "E se é verdade que Maquiavel foi um dos raros [...] a pensar o poder do *Príncipe* em termos de relações de força, talvez seja preciso dar um passo a mais, dispensar o personagem do Príncipe e decifrar os mecanismos do poder a partir de uma estratégia imanente às relações de força" (Foucault, 1976, p. 128).

porque era capaz de, por um lado, abrir mão de um princípio unitário que subsumisse na forma de um conhecimento universal toda a história e, por outro lado, porque compreendeu que a história é um instrumento político, utilizado no combate político. Como podemos ver, Foucault encontra em Boulainvilliers a perfeita coincidência entre forma e conteúdo da história: seu assunto (*sujet*) é sempre o particular, assim como o sujeito que a enuncia não pretende fundar na universalidade da razão seu domínio sobre os rivais.

*

Quando acompanhamos de perto a leitura que Foucault faz de Boulainvilliers é fácil perceber que encontra neste muitas de suas próprias teses. Com efeito, Boulainvilliers é, por excelência, o pensador das relações de força "na imanência das estratégias". É o pensador da perspectiva que compreende que a história é tão mais crítica e cortante quanto mais fortemente reivindicar a parcialidade. E, no entanto, muito do que se encontra em Boulainvilliers está também em Maquiavel, não desconsiderando as enormes diferenças que separam um do outro. Em Maquiavel estão claramente enunciadas as teses segundo as quais o "poder é relacional", assim como podemos antever no florentino a constituição disso que Foucault denomina de "campo histórico-político". Desnecessário dizer que também o modelo da guerra opera como uma das chaves de compreensão do político em Maquiavel, uma vez que são notórias sua concepção antagonística da política, a associação que estabelece entre a arte de governar e a arte militar, assim como a imbricação entre força militar e poder político. Todos esses elementos escapam à análise de Foucault, que prefere negligenciar os *Discorsi* e se ater a uma interpretação demasiadamente esquemática de *O Príncipe*. Em relação a esse último ponto, vale frisar que Foucault compreende Maquiavel como o pensador da técnica política. Cito mais uma passagem para nos convencer disso:

> Isso sobre o que eu gostaria de insistir, é que fazendo intervir a relação de força como uma espécie de guerra contínua no interior da sociedade, Boulainvilliers podia recuperar – mas desta vez em termos históricos – todo um tipo de análise que encontramos em Maquiavel. Mas, em Maquiavel, a relação de força era essencialmente descrita como técnica política a ser colocada entre as mãos do soberano. (Foucault, 2004a, p. 145)

No entanto, tenho a impressão de que é tarefa pouco interessante chamar a atenção para a má leitura que Foucault faz de Maquiavel com a intenção de retificá-la. Mais vantajoso, acredito, é retirar os benefícios da genealogia de Foucault que identifica no discurso da guerra, especialmente configurado em Boulainvilliers, uma crítica ao tratamento jurídico do fenômeno político. Essa crítica opera, em Boulainvilliers e em Foucault, nos registros teórico e prático. No registro teórico, Boulainvilliers recusava o

> modelo jurídico da soberania que tinha sido, até então, a única maneira que tínhamos de pensar a relação entre o povo e o monarca, ou ainda entre o povo e aqueles que governam. Não é em termos jurídicos de soberania, mas em termos históricos de dominação e de jogo entre as relações de força que Boulainvilliers descreveu esse fenômeno do poder. E é neste campo que ele localizou o objeto de sua análise histórica. (Foucault, 2004a, p. 150)

No registro prático, Boulainvilliers é um representante daquilo que Foucault denomina de "historicismo", isto é, uma perspectiva histórica que, ao postular um pertencimento "incontornável" entre a história e a guerra, entre a verdade, o saber e a guerra (Foucault, 2004a, p. 154), se apresenta como uma "arma discursiva utilizável, disponível para todos os adversários do campo político" (Foucault, 2004a, p. 169).

A partir daí, parece-me pertinente colocar a seguinte questão: se pudermos ver em Boulainvilliers o prolongamento de algumas das teses maiores de Maquiavel, não seremos forçados a afirmar que no pensamento do florentino já se definem os elementos fundamentais da crítica à concepção jurídica do poder?

Para responder a essa questão seria preciso, em primeiro lugar, demonstrar a compatibilidade entre as teses de Boulainvilliers e aquelas de Maquiavel. Porém, isso não é necessário, uma vez que meu problema não é fazer a análise histórica das possíveis relações entre Maquiavel e Boulainvilliers, e sim indicar que a genealogia do poder identifica, na modernidade, uma crítica à concepção jurídica do poder e, demonstrar, por fim, que Maquiavel é um autor importante na história dessa crítica. Sendo assim, parece-me suficiente ater-me às análises de Foucault, a respeito de Boulainvilliers, e recordar algumas das teses centrais de Maquiavel. No que concerne a esse último ponto, vale a pena lembrar que Maquiavel, seja em *O Príncipe*, seja nos *Discorsi*, destaca o caráter "relacional" do poder, mas não, como acredita Foucault, para efeitos de dominação, e sim para a explicitação das condições da ação no campo político. Em outras palavras, a *verità effettuale*, assim nomeada no conhecido capítulo XV de *O Príncipe* (Maquiavel, 1993, p. 280), não se deixa reduzir a um aconselhamento técnico porque o que ela faz é exatamente colocar em xeque a possibilidade de construção de um saber técnico sobre a ação política.[10] Remetendo a formação da imagem do príncipe (imprescindível ao exercício do poder) ao domínio instável da opinião, Maquiavel equaciona a necessidade da disposição do agente político em superar os limites da moralidade e de sua natureza com a contingência característica do universo da ação. Logo, se há aconselhamento, este já se encontra habitado pelo princípio que, internamente, o arruína. Dessa maneira, abre-se uma distância intransponível entre a formulação da estratégia política e a segurança de sua realização. Essa distância, certamente, não deve paralisar o príncipe, mas consolida a consciência da imprevisibilidade sem a qual as chances do fracasso são alargadas. E é exatamente isso que encontramos no núcleo da argumentação de *O Príncipe* que, vale lembrar, é, sobretudo, um livro sobre a fundação. Aí, Maquiavel mostra que a ação de fundar, em que pese seu caráter extraordinário (ou exatamente por isso), não define o destino de uma comunidade política ou mesmo o controle do Estado, nem imuniza o estado dos efeitos do tempo. Pelo contrário, as considerações de Maquiavel sobre a fundação fazem recordar que a ação está sempre defronte à indeterminação. Desse modo, Maquiavel realiza exatamente o contrário do que acredita Foucault: inscreve a ação política no domínio da história e nos obriga a apreender o domínio político com a chave da história, à semelhança do que fará mais tarde Boulainvilliers.[11] E Maquiavel o faz, talvez, de modo mais radical do que Boulainvilliers. Isso porque a inserção da ação na história não somente torna clara a natureza contingente de toda relação de poder, mas também inscreve no curso do tempo aquilo que, em princípio, permite a estabilização do corpo político: a lei.[12] Estamos muito longe, portanto, do princípio da soberania, que tem como

---

10. A esse respeito vale a pena ler, sobretudo, Lefort (1999, p. 141-78).

11. É importante destacar o teor político dos textos propriamente históricos de Maquiavel, o que, pelo momento, fica apenas assinalado.

12. Nesse sentido, a lei deve estar sempre referida a seu começo, ao momento inaugural (por vezes marcado pela violência, mas não obrigatoriamente) que lança os fundamentos do corpo político. A necessidade de retorno às origens, preconizado como um remédio contra a corrupção (ver *Discorsi*, livro III, 1), não deixa dúvidas de que a lei não pode extrair seu princípio de validade da vontade daquele que a enuncia, mas das disputas que animam qualquer associação política.

um de seus traços distintivos a exclusão da lei de sua dimensão histórica e a concomitante fundamentação na vontade daquele que a impõe, rompendo com o passado e relegando ao esquecimento seu momento originário.[13]

Por outro lado, no que concerne mais propriamente à relação entre guerra e política, vale recordar não somente o capítulo XIV de *O Príncipe*, mas o capítulo 4 do livro I dos *Discorsi*. A referência aos tumultos que agitavam a Roma republicana não deixa dúvidas acerca do caráter conflitivo da vida política, marcada por dissensões inconciliáveis nas quais se enfrentavam dois humores distintos e opostos: o de dominar e o de não ser dominado (Maquiavel, 1993, p. 82-83). Como é bem sabido, é do antagonismo entre esses humores que sairão as leis que assegurarão a liberdade romana. Vale observar que esse pressuposto, o de que no fundamento da lei está o conflito, e não a razão, reverbera em toda a obra de Maquiavel, incluindo *O Príncipe* (como vemos, por exemplo, no capítulo IX).

Claro está que esse antagonismo político fundamental não é a guerra. No entanto, o reconhecimento de que no coração da política, na gênese da lei, se encontra a dissensão, finca nesse território um marco resistente, que impede que ele seja percorrido, sem perturbação, pelo olhar conciliador das teorias da soberania. O antagonismo abala também a pretensão de legitimidade – ou, antes, politiza essa pretensão lançando-a na esfera que lhe é peculiar, a saber, a da ideologia[14]. E isso porque toda e qualquer tentativa de pacificação (eis ao que visam os discursos de legitimidade) podem sempre ser remetidas às estratégias políticas de dominação. Dizendo de outra maneira, Maquiavel, ao chamar a atenção ao caráter inelimínavel do conflito, produz o mesmo efeito que mais tarde produzirá Boulainvilliers ao "belicizar" a história política: é preciso desconfiar dos discursos de unidade, pois são aqueles que escondem os interesses políticos que os orientam.

---

13. A esse respeito, ver Berns (2005, p. 79-84). Do mesmo autor, ver também *Violence de la loi à la Renaissance* (2000).

14. Tenho a impressão de que é nessa chave que devemos compreender a famosa passagem do capítulo XXIV de *O Príncipe*, em que Maquiavel (1993, p. 294) observa a necessidade de um príncipe novo "parecer antigo". Não está em questão aí o problema da legitimidade, e sim o problema da conservação do poder e dos meios que podem assegurá-la. Vale a pena notar que, nesse contexto, Maquiavel salienta a facilidade de adesão ao presente, não ao passado, quer dizer, são as ações do príncipe no presente que conferem a segurança de seu domínio. Mas essa segurança, exatamente porque é construída no presente, requer o trabalho incessante do homem de poder. Logo, é a própria noção de legitimidade (em sua acepção jurídica, e não sociológica) que é arruinada, uma vez que extrai sua força do passado.

Como vemos, dois aspectos importantes do pensamento de Maquiavel, a história e a guerra, armam aquilo que Foucault denomina de discurso histórico-político. Não é preciso, portanto, postular qualquer influência direta de Maquiavel sobre Boulainvilliers, mas é importante esclarecer que a história da crítica do discurso jurídico-político é incompleta ou insuficiente sem Maquiavel.

Ora, podemos ver que o pensamento maquiaveliano, ao compreender a política em sua dimensão histórica e ao enfatizar o aspecto conflitivo das relações de poder, anuncia alguns dos principais elementos da crítica às teorias políticas da soberania que irão se formular nos séculos seguintes. Na perspectiva "genealógica" de Foucault, isso significa que há evidentes afinidades entre o pensamento de Maquiavel e os chamados "contradiscursos" que, no âmbito do pensamento político moderno, se levantam contra a concepção jurídica do poder, dominante na cultura ocidental a partir do século XVI.[15]

Adotando ainda a linguagem de Foucault, poderíamos dizer que Maquiavel oferece um "ponto de resistência" às teorias políticas que utilizam a estratégia de capturar o político por meio do direito, ou seja, aquelas que visam à estabilização do poder político graças a seu enraizamento no domínio jurídico. A identificação desse "ponto de resistência" não visa (nem pode) arruinar o discurso jurídico-político. Contudo, pode fazer-lhe a crítica ao colocar em termos diferentes a relação entre poder e direito. Ao invés de produzir o esvaziamento do direito, o discurso histórico-político o entende como realização política, isto é, o direito é algo a ser construído no campo da ação política. Portanto, está aqui em questão desarticular a tentativa de fundar no direito o poder ressaltando o caráter essencialmente político. Em suma, o direito não mantém uma relação de exterioridade com o poder, mas é um de seus efeitos (e, sem dúvida, um dos mais importantes).[16]

---

15. É preciso levar em conta o fato de Maquiavel não travar as mesmas batalhas que os Diggers ou Boulainvilliers, de modo que essa aproximação deve ser depurada de seus elementos ideológicos. O que resta, então, é um núcleo teórico que coloca em xeque, ou mesmo permite redimensionar, a relação entre poder e direito.

16. E é nessa mesma grade de inteligibilidade que devemos considerar o problema da justiça e o da lei. Não se trata de aplicar uma justiça que antecede a ação política e que poderia funcionar como uma diretriz normativa. A justiça é a aplicação da lei, criada pelo poder político. Nesse sentido, Maquiavel, como mostrou Diego Quaglioni (2012), retoma o vocabulário da "jurisprudência", mas tendo em vista o fortalecimento da conjunção entre poder, justiça e lei no campo da ação política. Nas passagens em que Maquiavel afirma serem os fundamentos do Estado as boas armas e as boas leis (*O Príncipe*, capítulo XII)

Desatando, assim, o nó que ligaria necessariamente o poder e o direito, seria possível denunciar a estratégia do discurso jurídico-político que visa dissolver o fato da dominação, em favor de uma concepção do poder que ressalte seu caráter eminentemente "produtivo"[17].

A reformulação dos termos em que se estabelece a relação entre poder e direito é possível no âmbito de uma teoria que desloca o eixo da reflexão política da paz para a guerra, ressaltando, ao mesmo tempo, a dimensão histórica da ação e a impossibilidade de produzir a unidade no interior de uma comunidade política. Acredito que encontramos aí os elementos centrais não apenas do discurso histórico-político, mas também daquilo que condiciona a criação de um outro direito, ao qual o próprio Foucault aludiu em determinadas ocasiões. Esse direito não operaria mais no registro da soberania e consistiria, essencialmente, no direito de resistir e "intervir efetivamente na ordem das políticas e nas estratégias" (Foucault, 1994, p. 707-708)[18] e que, por isso mesmo, poderia relançar, na sociedade contemporânea, os fundamentos da liberdade.

---

ou a justiça e as armas (*Cagione della Ordinanza*), mais uma vez podemos perceber a natureza propriamente política da lei, assim como sua indissociável ligação com o conflito.

17. Contudo, valeria perguntar aqui se isso nos livraria de fato do paradigma da soberania ou se, ao contrário, não nos veríamos mais uma vez nele enredados. Essa dúvida é pertinente desde que tenhamos em mente que a associação entre soberania e direito não é necessária e resulta de um trabalho teórico levado a cabo a partir da segunda metade do século XVI, mais especificamente com Bodin (a respeito ver Thomas Berns, 2005, cap. 2). Se isso for verdadeiro, então o discurso histórico-político não nos libera da figura do soberano, uma vez que não faria outra coisa além de explicitar a natureza positiva do poder; o discurso histórico-político nos permite, entretanto, fazer a crítica do juridismo político que caracteriza as teorias políticas modernas, segundo as quais o soberano não pode agir senão em relação com o direito.

18. A esse respeito, ver também "Inutile de se Soulever?" (Foucault, 1994, p. 790-794). Por fim, vale lembrar que, em *Sécurité, territoire, population*, Foucault irá inserir, no quadro das contracondutas, originadas por meio do Estado de polícia, precisamente o direito que não se formula em termos jurídicos: trata-se do "direito absoluto à revolta, à sedição, à ruptura de todos os laços de obediência, o direito à própria revolução" (1994, p. 364). O mesmo ponto de vista é defendido em uma entrevista concedida a Jean François e John de Witt em 1981, recentemente publicada como apêndice em Foucault (2012).

Governamentalidade e Resistência

Como é bastante conhecido, o curso de 1978 – *Sécurité, territoire, population* – pretende fazer uma genealogia da governamentalidade por meio da qual serão reconstituídas as linhas gerais da racionalidade política moderna. Isso significa colocar mais uma vez em xeque as concepções habituais acerca do poder do Estado e da soberania. Mais ainda, significa mostrar que a história do Estado moderno não pode ser devidamente compreendida quando referida exclusivamente ao problema da soberania. O campo de análise que Foucault irá explorar incluirá, portanto, a história do Estado, mas para evidenciar que a racionalidade que suporta sua função política é aquela cifrada nas artes de governar.[19] Foucault subverte a relação tradicionalmente estabelecida entre Estado moderno e Governo: não é o primeiro que explica o segundo; é justamente o contrário. Por isso, poderá dizer que o Estado é, na verdade, uma "peripécia do governo" (Foucault, 2004b, p. 253). E para compreender em que consiste a racionalidade própria das artes de governar, Foucault tem de voltar sua atenção para o momento inaugural em que é forjada a teoria da razão de Estado, isto é, a segunda metade do século XVI.

O primeiro passo nessa direção será dado na aula de 1 de fevereiro de 1978, quando Foucault colocará no centro de sua investigação o problema do poder governamental. Aqui, vou deixar de lado suas referências sumárias ao contexto histórico-político que condiciona o surgimento dessa nova "economia geral de poder" para me ater à questão da natureza do poder governamental, uma vez que é em torno desse tema que terá lugar sua leitura de Maquiavel.

A racionalidade política governamental encontrou expressão em uma volumosa literatura acerca da razão de Estado, imbuída da tarefa de elaborar um conhecimento preciso, técnico, que oriente a atividade do soberano no governo de uma população. Esse conhecimento, vale notar, é sensivelmente distinto daquele veiculado pelos famosos manuais do príncipe, os *specula principis*, cuja origem remonta à Antiguidade e que se disseminou durante

---

19. Em outras palavras, a governamentalidade "é uma economia geral de poder cuja genealogia permite compreender a função do Estado; ela está para o Estado como as técnicas de segregação estavam para a psiquiatria; como as disciplinas estavam para o sistema penal" (Foucault, 2004b, p. 124).

a Idade Média e o Renascimento.[20] A razão de Estado deve, portanto, marcar suas diferenças com o discurso filosófico que fundamentava a prática política no Ocidente há milênios. Por outro lado – e esse é o ponto que nos interessa –, deve também se distinguir do discurso político que havia feito pela primeira vez o corte com a tradição dos espelhos, isto é, aquele presente em *O Príncipe* de Maquiavel. Como podemos ver, ao insistir sobre a originalidade absoluta das teorias da razão de Estado, Foucault surpreende seu leitor ao recusar a aliança natural entre seus teóricos e Maquiavel. Aliança natural porque tem em mira o mesmo inimigo: o discurso teológico-político. Porém, essa afinidade não é forte o bastante para fazer desaparecer as profundas diferenças: o florentino, diz Foucault, não foi capaz de formular uma arte de governar (Foucault, 2004b, p. 96). E por quê?

A arte de governar preconizada em uma doutrina da razão de Estado parte do pressuposto de que o ofício do soberano, vale dizer, governar, é, sobretudo, uma atividade *imanente* com relação ao Estado (Foucault, 2004b, p. 96), o que significa que o governante não mantém uma relação de exterioridade frente a seu domínio. Na interpretação de Foucault, o que encontramos no texto de Maquiavel é a perspectiva contrária; não importando se o príncipe conquista um território ou se o adquire por herança, sua posição com relação ao principado é essencialmente de singularidade e de exterioridade, ou seja, de transcendência (Foucault, 2004b, p. 95). Dessa maneira, diz Foucault, o laço que une o príncipe a seus súditos, indiferentemente se assegurado pela tradição ou pela violência da conquista (ou ainda por uma forma qualquer de acordo) é sempre de natureza sintética: "não há pertinência fundamental, essencial, natural e jurídica entre o Príncipe e o principado" (Foucault, 2004b, p. 95). Colocada nesses termos a relação entre governante e súdito, as questões fundamentais que organizam o texto de Maquiavel – como conquistar um principado? Como conservá-lo? Como é possível perdê-lo? – são compreendidas à luz de uma reflexão política que destaca a precariedade, a fragilidade do laço político. Mais ainda, para Foucault é essa fragilidade que estrutura toda a reflexão de Maquiavel: se o laço é frágil, então o poder é instável e o domínio, sempre ameaçado, tem de ser refeito, reatualizado incessantemente. Dessa maneira, o exercício do poder do príncipe terá como preocupação primeira a conservação do próprio principado, entendido como a relação do príncipe a seus súditos

---

20. A respeito, ver Michel Senellart (1995).

e a seu território (Foucault, 2004b, p. 95). A "transcendência" do príncipe com relação ao principado determina, assim, o modo como o poder aí é exercido e termina por transformar o livro de Maquiavel em uma reflexão acerca da habilidade do príncipe, acerca de seu saber-fazer na tarefa infinita de assegurar-se de seu poderio. Isso é o suficiente para conservar a distância entre Maquiavel e as teorias da razão de Estado, uma vez que estas tomam como objeto de inquirição os princípios e os meios para a manutenção do Estado entendido não como "território", mas como o governo dos homens e das coisas. Mais ainda – e isso é o mais importante – o livro de Maquiavel, longe de tocar na questão do governo, pode ser compreendido na perspectiva do discurso da soberania[21]: no final das contas, trata-se sempre das condições em que um príncipe pode manter sua soberania sobre um "território".

Exterioridade do príncipe frente a seu principado e domínio sobre um território. Esses são os pressupostos do pensamento de Maquiavel que, segundo Foucault, impedem sua assimilação pelas artes de governar. Como já está claro que meu objetivo não é contestar a leitura de Foucault,[22] gostaria apenas de salientar o seguinte: compreendido nessa chave, o pensamento de Maquiavel está nas vizinhanças das teorias da soberania. Isso porque no esforço constante, incessante, de se assegurar o domínio sobre seu território, o príncipe de Maquiavel parece anunciar a circularidade que irá caracterizar o discurso de soberania, isto é, no final das contas, o objetivo do poder é assegurar-se de si mesmo. Mas não apenas isso, afinal, o saber do príncipe, forjado no texto de Maquiavel, parece atender à mesma finalidade do discurso jurídico-político da soberania, a saber, a estabilização das relações de poder. É verdade que Maquiavel não recorre ao vocabulário jurídico, mas o campo de análise em que se situa não é essencialmente distinto daquele das teorias jurídicas, medievais e modernas: o problema de fundo é sempre o da legitimidade. Isso no que concerne à questão da exterioridade. No que toca ao território, a vinculação entre Maquiavel e a teoria da soberania é ainda mais explícita. O alvo do poder do príncipe, diz Foucault, são duas coisas: o território e as pessoas que o habitam. Nesse quesito, Maquiavel

> não faz outra coisa do que retomar para seu próprio uso e fins particulares um princípio jurídico que é aquele pelo qual se caracterizava a soberania: a

---

21. E foi assim percebido no contexto da retomada de Maquiavel no século XIX (Foucault, 2004b, p. 93).
22. Para uma consideração acerca desses dois pontos na leitura de Foucault, vale a pena ler Paul-Erik Korvela (2012, p. 73-89).

soberania, no direito público da Idade Média até o século XVI, não se exerce sobre as coisas, ela se exerce de início sobre um território e, por conseguinte, sobre os súditos que o habitam. (Foucault, 2004b, p. 99)

Por esse motivo, afirma Foucault que "o território é o elemento fundamental do principado de Maquiavel e da soberania jurídica do soberano tal qual a definem os filósofos ou os teóricos do direito" (Foucault, 2004b, p. 99). Podemos perceber, por fim, que tanto no que diz respeito à exterioridade quanto ao que concerne ao território, a finalidade do poder em Maquiavel é a mesma da soberania e distinta do governo. Enquanto para as artes de governar os objetivos são sempre múltiplos e específicos (pois se trata de governar as coisas e as condutas dos homens), no quadro da soberania impera sempre o princípio da validade jurídica, a lei aparecendo em sua dupla face de meio privilegiado do soberano e fim que sua ação visa atingir.[23]

Mas nesse ponto devemos fazer um recuo: certamente Foucault não reconhece em Maquiavel um autor da tradição do direito ou um simples elo na corrente que vincula o direito medieval ao direito moderno. Afinal de contas, Maquiavel aparece, na genealogia da governamentalidade, como uma espécie de *pivot* em torno do qual irão se constituir os discursos da razão de Estado. Tanto os adversários quanto os defensores (ao menos em parte) da razão de Estado irão se posicionar contra Maquiavel, o que se explica pelo impacto de seu pensamento sobre as teorias políticas modernas. Consciente da importância de Maquiavel na história da governamentalidade, Foucault poderá dizer que as artes de governar não "passam por ele, mas se dizem através dele" (Foucault, 2004b, p. 248). Por que motivo Maquiavel ocupa esse lugar especial que o impede de ser identificado, sem mais, como um precursor do direito público moderno e, ao mesmo tempo, o inscreve na história da governamentalidade? Para responder a essa pergunta é preciso examinar um pouco mais de perto a proposição segundo a qual as artes de governar "se dizem através de Maquiavel".

---

23. Por isso Michel Senellart (in Sfez & Senellart, 2001, p. 212) está correto ao afirmar que Maquiavel, para Foucault, "não derruba a antiga concepção jurídica da monarquia para lhe substituir por técnicas de poder inscritas na imanência das relações de força. Mesmo se ele afirma que a lei não poderia bastar-se a si mesma e que requer frequentemente, para atingir seus objetivos, o concurso da violência e da astúcia [...], deslocando assim o centro de gravidade da legalidade para a habilidade do príncipe, é do interior mesmo do modelo jurídico definido pela relação soberano-território, segundo Foucault, que Maquiavel aboliria a partilha normativa do legal e do não-legal".

Foucault nos remete ao livro de Etienne Thuau (2000)[24], ao qual suas análises devem muito. Para Thuau, o sistema do pensamento político na época da gênese da razão de Estado era composto por três "atitudes", todas elas mantendo alguma relação com as ideias de Tácito e Maquiavel. A primeira atitude consiste em uma recusa aberta aos pressupostos do maquiavelismo, em favor de uma concepção do poder fundamentada em preceitos religiosos; a segunda atitude é mais permeável à doutrina da razão de Estado, mas não a aceita sem purgá-la de seus elementos perniciosos, isto é, o próprio maquiavelismo; por fim, a terceira veicula uma concepção de poder na qual o domínio absoluto do Estado e a obediência que lhe deve corresponder ecoam as principais teses encontradas nos escritos do florentino. O que temos, então, sempre segundo Thuau, são três distintas compreensões do poder: uma religiosa, outra humanista e a última poderia ser chamada de "estatal"[25]. A atitude religiosa deseja restaurar "a identidade medieval entre a política e a fé" (Thuau, 2000, p. 103) e, por isso, não pode fazer qualquer concessão à novidade da razão de Estado. Com relação às outras duas atitudes, estamos no âmbito das doutrinas da razão de Estado, sendo somente necessário distinguir sua aceitação reservada (que sacrifica Maquiavel em nome da moderação e dos ideais éticos) e sua defesa desabrida que afirma a necessidade do poder absoluto do Estado como uma decorrência natural da lógica das relações de poder. Embora não encontremos no minucioso estudo de Thuau a associação entre a razão de Estado e as artes de governar, está claro que Foucault adota esse mesmo esquema para pensar a relação de Maquiavel com as últimas – e assim podemos finalmente entender o que quis dizer ao afirmar que a arte de governar se diz "através de Maquiavel". Assim como a razão de Estado, para Thuau, se forja no encontro com Maquiavel, as artes de governar (que encontram seu registro discursivo na razão de Estado) retiram do tronco maquiaveliano, segundo Foucault, a seiva que alimentará sua própria racionalidade. Mas em que consiste exatamente essa "seiva"? Mais uma vez, Thuau nos dá a pista: os autores da razão de Estado entendem como princípios fundamen-

---

24. A primeira edição, utilizada por Foucault, é de 1966.

25. "Uma repousa sobre uma concepção puramente religiosa do mundo. A outra, que se pode qualificar de humanista, funda as relações humanas, se não sobre o consentimento e a decisão livre do homem, ao menos sobre uma ordem derivada da razão humana. A terceira integra os homens em uma coletividade mais vasta do que as comunidades medievais e considera o indivíduo como feito para o Estado. A religião, o homem, o Estado: tais são os fundamentos dessas três perspectivas políticas" (Thuau, 2000, p. 101).

tais da política aqueles mesmos que Maquiavel explicitou em seus escritos: a necessidade de se utilizar, na política, a fraude e a força, a importância da religião como instrumento de governo, a necessidade do sigilo para a ação política, a condenação da pusilanimidade e da hesitação, a crítica à clássica concepção de prudência. Em suma, as famigeradas "máximas" que encontramos em Maquiavel. Detratores ou não de Maquiavel, os autores das artes de governar visitarão essas máximas, tendo em vista, contudo, outro objetivo: a conservação e a manutenção do Estado. Como já vimos, Maquiavel, no entendimento de Foucault, não tem em mira a conservação do Estado, mas sim a preservação da relação do príncipe com o principado. Desse modo, a seiva que seu texto segrega é aproveitada para dar corpo a uma reflexão política que responde a um conjunto diferente de problemas. Nenhuma relação necessária, portanto, entre Maquiavel e a governamentalidade. Porém, esta não é compreensível sem ele.

Esclarecidos esses pontos, acredito ser pertinente repetir o movimento realizado na seção anterior e perguntar acerca das possíveis consequências de se ler Maquiavel à luz da genealogia da governamentalidade, ao invés de se tentar retificar a leitura de Foucault. Entretanto, o quadro agora é muito distinto daquele. Em 1976, interessava ao filósofo francês veicular, por meio da genealogia dos "discursos assujeitados", um ponto de ancoragem para sua crítica da concepção jurídica do poder. Esta orientação crítica não é evidente no curso de 1978. Junte-se a isso o fato de que, em 1978, Foucault parece mais interessado em examinar a função que o pensamento de Maquiavel desempenha junto aos teóricos da razão de Estado, isto é, suas aulas não assumem qualquer compromisso hermenêutico. Com relação a esse último ponto, convém notar que Foucault, embora esteja interessado na "função-evento" do pensamento de Maquiavel (Senellart, 2001, p. 216), assume, de fato, uma postura interpretativa exatamente quando decide separar Maquiavel das teorias da razão de Estado. Logo, cava-se, em suas análises, uma saliência em que seria possível apoiar a discussão hermenêutica. Em segundo lugar, no que concerne à intenção crítica, parece-me seguro que esta informa todo o trabalho de Foucault durante esse período. Para nos convencer disso, basta lembrar duas conferências proferidas na mesma época – aquela no Japão, acerca da filosofia analítica da política,[26] e a outra na Sociedade Francesa de Filosofia (Foucault, 1990) – em que vincula explicitamente seu trabalho

---

26. Publicada em Foucault (1994).

ao empreendimento crítico. Além de evocar essas conferências, gostaria de recordar uma passagem de outra comunicação, feita na Universidade de Stanford no ano seguinte e que foi intitulada *"Omnes et Singulatim*: Para uma Crítica da Razão Política"*. Após retomar boa parte dos estudos sobre a governamentalidade, feitos no ano anterior (apresentando Maquiavel, mais uma vez, como o pensador do laço entre príncipe e principado), Foucault fecha a conferência dizendo o seguinte:

> A racionalidade política se desenvolveu e se impôs no fio da história das sociedades ocidentais. De início, ela se enraizou na ideia de um poder pastoral e em seguida naquela de razão de Estado. A individualização e a totalização são seus efeitos inevitáveis. A liberação somente pode vir do ataque não de um ou outro desses efeitos, mas [do ataque] das próprias raízes da racionalidade política. (Foucault, 1994, p. 161)

A hipótese que gostaria de avançar é a seguinte: o pensamento de Maquiavel não teria lugar nessa crítica da razão política que Foucault parece preconizar? Se tomarmos por base a leitura de Foucault, a resposta parece ser negativa. No entanto, será que não encontramos nessa mesma leitura um ponto de partida para pensarmos uma resistência maquiaveliana ao poder pastoral totalizante e individualizador? Com efeito, o que significa excluir, como faz Foucault, Maquiavel das origens da racionalidade política do Estado moderno? Isso não indicaria a presença, em seu pensamento, de algo refratário à tecnologia governamental?

O que quero dizer é que a leitura de Foucault deixa perceber *em negativo* uma outra posteridade de Maquiavel, essencialmente antimaquiavelista, se entendermos por maquiavelismo um dos efeitos da obra de Maquiavel, isto é, o de produzir uma concepção do político como um campo primordialmente marcado pelo desdobramento de uma racionalidade estratégica. Nessa acepção precisa, as doutrinas da razão de Estado, pró ou contra Maquiavel, se desenvolvem todas nesse esteio, a partir do qual o exercício da soberania não é mais compreendido em termos jurídicos, mas técnicos.

Não seria possível servir-se de Maquiavel para apoiar a crítica da razão de Estado e até mesmo da governamentalidade?[27] Por um lado, como vimos

---

27. Não são muitos os comentadores que endossariam essa sugestão. Mesmo M. Senellart, assim como P. E. Korvela, conservam os aspectos "positivos" da relação entre Maquiavel e a governamentalidade. Contudo, Robyn Marasco (2012, p. 339-361) defende um ponto de vista semelhante ao meu. Segundo ele, aquilo que Foucault denomina de "arte da crítica" poderia encontrar inspiração na figura de Maquiavel.

na primeira parte deste trabalho, o texto de *O Príncipe* permite colocar em xeque qualquer tentativa de reduzir a política a uma arte, destacando no campo da ação política a contingência. O "aconselhamento" de Maquiavel é, portanto, a destituição da figura do conselheiro, a assimilação dos limites do saber do príncipe e a consequente abertura da ação para a indeterminação. Dessa forma, não são apenas os limites da racionalidade jurídica que são desvelados, mas também aqueles da técnica. Por outro lado – e é esse o tópico que gostaria de desenvolver um pouco –, acredito que encontramos em Maquiavel tanto a crítica da técnica política quanto a crítica da arte de conduzir, ou da própria ideia de governo. Se isso for verdadeiro, então Maquiavel poderá ser considerado um pensador da insubmissão ou, nos termos de Foucault, um pensador da "contraconduta"[28], na linhagem daqueles que tomam a crítica como "a arte de não ser governado".

Duas passagens dos textos de Maquiavel podem ser utilizadas para apoiar a hipótese de que em seu pensamento nos deparamos com uma atitude crítica na forma de um pensamento da insubmissão. A primeira delas, à qual já me referi, é o famoso capítulo 4 do livro I dos *Discorsi*. Os "tumultos" de que fala Maquiavel consistem, basicamente, na revolta dos cidadãos romanos frente aos excessos dos aristocratas. Como havia explicitado o capítulo 3 do mesmo livro, após a expulsão do último rei Tarquínio, a plebe romana sente o jugo dos patrícios, que até então haviam sido contidos pelo poder dos monarcas.[29] Sem esses entraves, os senadores "destilam" seu veneno sobre o povo, oprimindo-o sempre que tinham a ocasião. Para fazer obstáculo ao desejo desabrido de dominar, típico dos grandes, o povo romano se recusa a obedecer à ordem de conscrição, seguindo para o monte Aventino e deixando a cidade indefesa. Como condição para que retornem a Roma, exigem a criação de um novo ordenamento, isto é, o tribunato da plebe. "Escândalos" dessa natureza, esclarece Maquiavel, colocaram Roma na via da liberdade, pois, como vimos, deram origem às leis que a asseguraram, contendo, por um lado, o desejo de dominar e, por outro, dando vazão ao desejo de não ser dominado.

Maquiavel está nos descrevendo aqui um episódio de desordem, de desobediência, o qual é emblemático seja para a história de Roma seja para

---

28. Sobre essa noção, ver Foucault (2004b, p. 195-232).

29. "[...] mas como morreram os Tarquínios, e os nobres perderam o medo, começaram a lançar contra a plebe aquele veneno que haviam mantido no peito, e de todo modo que podiam, a ofendiam" (Maquiavel, 1993, p. 82).

toda e qualquer república. A liberdade – eis o que podemos facilmente inferir – não resulta da submissão às leis, e muito menos é assegurada pela autoridade política: decorre da resistência a uma situação opressiva. Porém, a liberdade não se encontra na liberação dessa mesma opressão, mas no arranjo político que se institui após o conflito entre as partes da cidade. Dizendo de outra forma, entre a obediência e a desobediência se constrói o campo em que irá se estruturar a vida livre. Ora, esse campo nada tem a ver com a ideia de totalidade (uma vez que é atravessado pelas tensões resultantes dos inelimináveis conflitos entre os desejos, sinais incontestes de que a cidade não é "una") ou com a ideia de individualidade (uma vez que os humores não podem ser reduzidos à dimensão antropológica, não indicam qualquer forma de "subjetividade", não ensejam qualquer tecnologia de poder). Consequentemente, o poder, em Maquiavel, não unifica nem individualiza, mas se exerce em relação ao trabalho incessante dos desejos e, na impossibilidade de se identificar com qualquer uma das partes da cidade, marca seu lugar como essencialmente vazio, diante do que se arruína toda pretensão de unidade.

Essa recusa em obedecer, exemplificada no episódio da criação dos tribunos, não teria alguma relação com as contracondutas? Ou ainda, o desejo de não ser dominado não ecoa na expressão "vontade de não ser governado"?[30] Estou ciente de que a resistência alimentada pelo desejo de liberdade do povo não pode ser transcrita, sem mais, no horizonte das artes de governar. Colocando o problema nos termos de Foucault, o povo romano resiste à dominação, não ao governo. Contudo, não seria legítimo tomar o problema na direção contrária e inscrever as contracondutas no horizonte mais amplo das formas de resistência? Se isso nos for concedido, então a desobediência do povo romano teria muito a nos dizer acerca das possibilidades de ação no campo político e sobre os modos em que podemos exercer a arte de não ser governado. Mais ainda, se entendermos que Maquiavel, ao retomar a história dos tumultos de Roma, não está fazendo história em seu sentido objetivo, mas identificando os elementos que estruturam a vida política – as relações de força que estão na origem do político –, então não seria possível avizinhar suas considerações a certas teses caras a Foucault, por exemplo, aquela que afirma não haver poder sem resistência ou ainda aquela outra segundo a qual não há poder sem liberdade? É verdade que

---

30. A expressão aparece na conferência na Sociedade Francesa de Filosofia, assim como no curso de 1978.

Foucault especifica que a vontade de não ser governado não consiste na recusa de toda e qualquer forma de conduta, tratando-se, antes, de "um querer ser conduzido de outra forma, por outros condutores e por outros pastores, para outros objetivos e para outras formas de salvação, através de outros procedimentos e de outros métodos" (Foucault, 2004b, p. 198). No entanto, vale destacar precisamente essa correlação "imediata e fundante" entre a conduta e a contraconduta (Foucault, 2004b, p. 190). O desejo de não ser dominado, em Maquiavel, não pode, a exemplo da contraconduta, ser separado do desejo de dominar; e, da mesma forma, ele não indica a existência de um desejo natural (popular) de viver fora do regime político: trata-se do desejo de conservar a dominação política na única forma compatível com a liberdade, isto é, o governo das leis. Sem desconsiderar o fato de que o poder de governar, para Foucault, não se confunde com o poder de soberania – assim como a relação com a lei é muito distinta da relação com a salvação (Foucault, 2004b, p. 199) –, é possível observar a presença de um mesmo problema, algo como um pano de fundo que parece conferir alguma continuidade entre as diversas camadas que estruturam a vida política: qual forma pode adquirir a liberdade?

Conclusão

Duas figuras de Maquiavel são desenhadas a partir dos dois momentos em que Foucault o encontra em seus cursos. Nenhuma delas está presente no texto de Foucault, mas são construídas a partir de sua genealogia do poder. O primeiro Maquiavel pensa a política recusando os pressupostos do discurso jurídico-político, e não hesita em afirmar a contingência e a indeterminação como características maiores da ação política. É nessa perspectiva que o problema da história deve ser dimensionado em sua reflexão política, o mesmo valendo para sua concepção de poder marcadamente agonística, na qual está reservado lugar proeminente para os conflitos. Esse Maquiavel, quisemos mostrar, poderia interessar a Foucault na medida em que reforça os fundamentos de uma crítica da soberania.

O segundo Maquiavel ganha vulto no contexto de uma crítica à racionalidade política governamental. Esse Maquiavel retira todos os benefícios da elisão de seu pensamento na gênese da governamentalidade, isto é, da separação que Foucault estabelece entre *O Príncipe* e as doutrinas da razão de Estado. Mas diferentemente da interpretação de Foucault, que confere grande peso ao fato de Maquiavel não ter por objeto de análise o problema do Estado, preferi apostar na existência de outra causa que impede a inclusão de Maquiavel na governamentalidade: a centralidade do conflito em seu pensamento (expressa por meio de sua "teoria dos humores") torna evidente o fato de que não há poder sem resistência, o que significa que compreendemos melhor o político nos termos da liberdade do que nos termos da dominação.

Não cabe, evidentemente, sugerir que Foucault "deveria" ter lido Maquiavel dessa maneira, mas esclarecer que seu "momento maquiaveliano" pode dar origem a um trabalho mais fecundo do que a mera retificação do especialista. Trabalho fecundo ao leitor de Maquiavel, que pode lançar luz sobre temas e problemas associados a Maquiavel, mas que ainda são sujeitos a muita controvérsia (especialmente sua vinculação à razão de Estado) ou ainda ampliar o horizonte em que geralmente situa sua pesquisa (associando Maquiavel a uma crítica da racionalidade política moderna). Trabalho fecundo também ao leitor de Foucault, que encontra em Maquiavel a oportunidade de retomar, talvez de modo mais substancial, algumas teses caras a Foucault e que não foram formuladas de modo detalhado ou mais preciso (por exemplo, a tese segundo a qual "o poder se exerce apenas sobre sujeitos livres" [Foucault, 1994, v. IV, p. 237]).

Mas há ainda, no que concerne à relação entre Maquiavel e Foucault, outro ponto crucial que aqui apenas será assinalado. Talvez não seja equivocado observar que Maquiavel articula um discurso filosófico que soa no mesmo diapasão de Foucault: para o genealogista – e isso não seria estranho ao pensamento do florentino – aquilo que consideramos "verdade" deve necessariamente ser referido a sua "origem baixa", isto é, ao "combate" ou ao conflito que se encontra em sua origem.[31] Contudo, longe de depor ou desqualificar a filosofia *tout court*, essa "atitude metodológica" a restitui em outro lugar, a saber, aquele em que ela se exerce como "verdade efetiva" ou como "política da verdade" (Foucault, 2004b, p. 5).

---

31. A esse respeito, ver Foucault, "Nietzsche, la Généalogie et l'Histoire" (1994 b, pp. 136-56).

Referências bibliográficas

BERNS, T. *Violence de la loi à la Renaissance*. Paris: Kimé, 2000.

_____. *Souveraineté, droit et gouvernementalité*. Clamecy: Ed. Léo Scheer, 2005.

FOUCAULT, M. *L'ordre du discours*. Paris: Gallimard, 1971.

_____. *Il faut défendre la société*. Paris: Gallimard/Seuil, 2004a.

_____. *Dits et écrits*. Vol IV. Paris: Gallimard, 1994.

_____. *Dits et Écrits*. Vol II. Paris: Gallimard, 1994 b.

_____. *Histoire de la sexualité 1. La volonté de savoir*. Paris: Gallimard, 1976.

_____. *Sécurité, territoire, population*. Paris: Gallimard/Seuil, 2004b.

_____. *La société punitive*. Paris: EHESS/Gallimard/Seuil, 2013.

_____. *Surveiller et punir*. Paris: Gallimard, 1975.

_____. *Le pouvoir psychiatrique*. Paris: Seuil/Gallimard, 2003.

_____. *Mal faire, dire vrai. Fonction de l'aveu en justice*. Louvain: Presse Universitaire de Louvain/University of Chicago Press, 2012.

_____. "Qu'est-ce que la Critique? Critique et Aufklärung". In: *Bulletin de la Société Française de Philosophie*. v. 84, n. 2, abr.-jun. 1990.

KORVELA, P. E. "Sources of Governmentality: Two Notes on Foucault's Lecture". In: *History of Human Science*, v. 25, n. 4, 2012. pp. 73-89.

LEFORT, C. "Maquiavel e a Verità Effettuale". In: *Desafios da escrita política*. São Paulo: Discurso, 1999.

MARASCO, R. "Machiavelli contra Governmentality". In: *Contemporary Political Theory*, n. 11, 2012. pp. 339-361.

MAQUIAVEL, N. *Il principe*. In: *Tutte le opere*. A cura de Mario Martelli. Florença: Sansoni, 2. ed., 1993.

_____. Discorsi sopra la prima deca di Tito Livio. In: *Tutte le opere*. A cura de Mario Martelli. Florença: Sansoni, 2. ed., 1993.

QUAGLIONI, D. *Machiavelli e la lingua della giurisprudenza. Una letteratura della crisi*. Bolonha: Il Mulino, 2012.

SENELLART, M. "Machiavel à l'Épreuve de la Gouvernementalité". In: G. Sfez e M. Senellart (org.). *L'enjeu Machiavel*. Paris: PUF, 2001.

THUAU, E. *Raison d'Etat et pensée politique à l'époque de Richelieu*. Paris: Albin Michel, 2000 (2ª edição. A primeira edição, utilizada por Foucault, é de 1966).

"VIVER PERIGOSAMENTE":
Risco, perigo e liberdade no liberalismo clássico. Um olhar a partir da literatura e da filosofia política[1]

Beatriz Dávilo

1. Introdução

Temor, risco e perigo são tópicos tão enraizados no discurso liberal como o da liberdade. As ameaças que irrompem a partir do coração da ordem liberal-burguesa – desde as de tipo econômico, ligadas, por exemplo, ao fracasso dos investimentos monetários, até as de índole simbólica, relacionadas à expulsão do sistema em que o ritmo vertiginoso do capitalismo muitas vezes nos faz sentir condenados –, todas parecem abonar um *ethos*, um modo de existência em que o lema é, como diria Michel Foucault, "viver perigosamente" (Foucault, 2007, p. 87). Isso não significa que em épocas anteriores não tenha havido temores ou percepção de perigos; entretanto, na sociedade liberal-capitalista o risco aparece quase como uma experiência calculada, um componente próprio da dinâmica do mundo moderno, que se instala no imaginário político como um horizonte de referência quase inevitável.

Entre os elementos que Foucault identifica como expressão dessa "cultura do perigo" encontra-se a literatura, em particular o gênero policial que acompanha simultaneamente o interesse jornalístico pelo crime. Entretanto, as formas mais tardias da novela gótica – sobre a qual o autor francês não faz referência – também dão conta de um umbral de preocupações,

---

1. Traduzido do espanhol por Lucas Morais e revisado por Fernanda Cordeiro Lima.

compartilhado com a filosofia política, sobre os perigos que contêm essas sociedades economicamente triunfantes, como foi a Inglaterra das últimas décadas do século XIX.

A partir da perspectiva da "cultura do perigo", então, tentaremos pôr em diálogo o pensamento de John Stuart Mill (1806-1873) com algumas obras de Robert Louis Stevenson (1850-1894) – em particular *O Estranho Caso de Dr. Jekyll e Mr. Hyde* (1886) e, embora com menor ênfase, *A Ilha do Tesouro* (1883) –, para analisar o modo pelo qual abordam o problema dos riscos da vida moderna. Essa espécie de retorno ao estado natural – metaforizado na viagem, infestada de ameaças, a uma ilha onde se encontra um tesouro –, e a história de um cientista que experimenta uma droga que lhe permite transformar seu corpo e lhe dar outra identidade física a suas inclinações mais perversas, oferecem-nos um caminho fértil pelos âmbitos nos quais reside o perigo, e que alimentam a preocupação tanto da literatura como da filosofia política.

2. Viver perigosamente: os cenários do perigo no mundo moderno

Até meados do século XIX, a consolidação na Inglaterra da sociedade burguesa põe no centro da cena o problema de como harmonizar as inclinações de sujeitos marcados pelo egoísmo individual e o interesse, e os requerimentos de uma ordem política, capitalista e liberal, que, de acordo com Michel Foucault, faz da liberdade uma de suas principais tecnologias de poder.[2]

Como se tornou possível pensar e agenciar o governo de um mundo social composto por seres que reivindicam a plena legitimidade de obedecer, em primeiro lugar, a seus próprios interesses antes do interesse coletivo (o que poderia aparecer facilmente, em relação a outras morais sociais, como uma transposição dos valores muito estranha)? (Laval, 2007, p. 11). Essa pergunta, que Christian Laval formula para pensar a racionalidade governamental do liberalismo clássico e do neoliberalismo, expressa a complexidade de uma ordem política que se sustenta no estímulo do interesse egoísta, mas, ao mesmo tempo, deve lidar com a possibilidade de que esses egoísmos

---

2. No curso de 1978, no Collège de France, Michel Foucault (2006, p. 71) fala, em relação à arte de governar do liberalismo, de um poder que atua "como regulação somente capaz de se produzir por meio da liberdade de cada um e com o apoio dela".

individuais, longe de produzir uma harmonia espontânea, tal como supunha Adam Smith[3], geram perigos aos indivíduos e à comunidade.

Nesse sentido, Foucault identifica no liberalismo uma racionalidade governamental – isto é, um princípio de limitação que emerge da mesma prática de governo – expressada na máxima "governar o mínimo possível" e materializado na liberdade como tecnologia de poder. Para Foucault, a prática governamental liberal consome liberdade e, por isso, deve produzi-las a cada momento. Mas no marco dessas liberdades individuais, que podem pôr em perigo os indivíduos e a comunidade, coloca a segurança como princípio de cálculo do custo de produção daquelas (Foucault, 2006, p. 85-86).

Liberdade e segurança, então, emergem, segundo Foucault, no núcleo dessa nova razão governamental liberal, que deve geri-las e arbitrá-las em torno da noção de perigo: a arte liberal de governo manipula os interesses individuais enquanto administra os perigos para conseguir um ponto de equilíbrio entre interesses individuais e interesses comuns, evitando que ambos se subjuguem mutuamente (Foucault, 2006, p. 86).

Risco e perigo, então, são imagens que povoam o discurso liberal e que aludem a um amplo arco de situações que abarca desde a consideração da mecânica regular de funcionamento dos dispositivos institucionais até as circunstâncias mais extremas que parecem refletir o ingovernável do sujeito ou do sistema. Assim, para John Stuart Mill, por exemplo, as pessoas habitualmente esperam que o governo confine sua ação à proteção da sociedade frente aos perigos da fraude e da violência (Mill, 1981, v. X, p. 144), mas não pode evitar os riscos inerentes ao sistema político, como, por exemplo, eleger um representante que seja inadequado (Mill, 1981, v. XVIII, p. 37).

Ao mesmo tempo, fala-se do risco e do perigo para se referir ao cenário de delitos e crimes da Inglaterra vitoriana tardia. Muitos daqueles que defendem a necessidade de reformas sociais e jurídicas, como Andrew Mearns ou Henry Maudsley, amparando-se nas teorias de Cesare Lombroso (1835-1909) e Francis Galton (1822-1911), aludem ao perigo de um populacho degenerado que vive em um ambiente de imoralidade e vício, e contribuem para forjar esse imaginário de uma sociedade assediada pelas mais diversas formas de delinquência (Kirkland, 2001).

---

3. Élie Halévy (1966, p. 83), em seu clássico trabalho sobre o radicalismo inglês, diz que, na figura da mão invisível, Adam Smith expressa sua confiança na "harmonia natural dos egoísmos".

A retórica do risco e do perigo aparece tanto na descrição dos mecanismos regulares de governo como nas referências a situações que ameaçam a vida ou a integridade física e moral das pessoas, alimentando-se, assim, um *ethos* liberal, que torna a convivência com o perigo o modo de existência de homens e mulheres das sociedades modernas.

Ao mesmo tempo, poder-se-ia dizer que o perigo é, também, um elemento-chave da tecnologia liberal de governo: a racionalidade governamental do liberalismo não só se propõe governar o perigo, mas também governar com, através do perigo. Se o problema da governamentalidade é, como diz Foucault, o de fixar limites ao campo das ações possíveis de homens e mulheres (Foucault, 2001, p. 252), o perigo, e o temor que este gera, é uma forma quase privilegiada de fazê-lo.

Entretanto, o perigo também requer um limite que a sociedade liberal-capitalista parece ter dificuldades em encontrar, e a filosofia política e a filosofia inglesa da segunda metade do século XIX, então, buscam identificar as dimensões nas quais aquele se multiplica. Nesse sentido, um percurso diagonal por alguns fragmentos da obra de John Stuart Mill e de Robert Louis Stevenson nos permite tornar visíveis os distintos níveis no qual o perigo é empregado. Trata-se, nesses textos, de dimensões de perigo que surgem ali mesmo onde a sociedade liberal capitalista busca segurança e garantias, e que, portanto, surgem como inerentes à racionalidade governamental do liberalismo. Mais ainda, poderíamos dizer que emergem nos paradoxos que essa racionalidade exibe ocasionalmente.

Em primeiro lugar, aparecem os perigos gerados pelo sistema político, o mesmo destinado a conjurá-los: se, como indica Foucault, "um governo nunca sabe com certeza que sempre corre o risco de governar em excesso", o sistema político contém em si mesmo o perigo do excesso de poder. Em segundo lugar, a sociedade liberal-capitalista, eliminando as barreiras hierárquicas da ordem tradicional, busca homogeneizar os indivíduos; e essa homogeneidade, em sua forma mais extrema, dá luz à multidão moderna, desforme e anônima, lugar de pulsões incontroláveis e de ameaças difíceis de serem localizadas e, portanto, de se exorcizar. Em terceiro lugar, o estabelecimento de uma fronteira que resguarda o âmbito do privado, da intromissão do poder público e desse *locus* de ameaças difusas que é a multidão, contém ao mesmo tempo uma dose de perigo: uma vez que se fecham as portas da casa, qual é a certeza de que nada mau ocorrerá lá dentro? Em quarto lugar, os perigos do corpo: preservado com as garantias da lei, permanece, não obstante, desarmado ante as contingências alojadas em sua materialidade biológica, que as teorias da degeneração ou o fantasma das epidemias não cessam de exaltar. Por último, os perigos que habitam na esfera do íntimo: resistente à intromissão do Leviatã hobbesiano, o perigo agora pode ser o próprio sujeito que a suporta.

Com maior ou menor intensidade, com diferentes ênfases, essas cinco dimensões do perigo estão presentes nos textos de Mill e de Stevenson, e, a seguir, tentaremos analisar os modos pelos quais são visualizadas como problemas e põem em tensão a racionalidade governamental do liberalismo.

2.1 Os perigos do sistema

Para Mill, o risco e o perigo constituem a medida da análise do funcionamento da maquinaria política. A dinâmica regular das instituições, e a possibilidade de uma mudança quando estas não satisfazem as expectativas, sempre comporta um risco que ameaça perigosamente a sociedade. Esse é o argumento que Mill introduz em relação à recusa de Samuel Coleridge à Reform Bill de 1832: justifica essa recusa dizendo que implica os perigos de uma mudança semelhante a uma revolução, porém, sem assegurar os benefícios da eliminação dos defeitos do sistema vigente[4].

Mas o que há no núcleo desse perigo? Basicamente, o problema do "excesso de governo". Tal como coloca Foucault, Mill expressa a preocupação liberal do século XIX por "governar em excesso", embora com matizes interessantes. A princípio, Mill não nega que, para o início do século XIX, *quieta ne movere* era a doutrina favorita e que o Estado era considerado um mau juiz das necessidades da sociedade. A reivindicação das pessoas, diz Mill, não é "nos ajude", "nos guie", "faça por nós as coisas que nós não podemos fazer", e sim "nos deixe sós".[5]

Entretanto, Mill toma distância da "doutrina do nos deixe sós", da teoria que sustenta que o melhor que os governos podem fazer é nada, e

---

4. "Ele [Coleridge] viu nela [a Reform Bill] os perigos de uma mudança que ascende quase a uma revolução, sem qualquer tendência real para remover esses defeitos na máquina, o que por si só poderia justificar uma mudança tão grande" (Mill, "Coleridge", 1981, v. X, p. 153).
5. "O clamor do povo não era 'Ajudem-nos', 'guiem-nos', 'façam por nós as coisas que não podemos fazer', e 'instruam-nos, para que possamos fazer o bem àqueles que pudermos'- e realmente tais exigências de tais governantes teria sido uma brincadeira amarga: o clamor era 'deixem-nos sozinhos'" (Mill, "Coleridge", 1981, v. X, p. 143).

indica que essas informações, resultantes da incompetência dos modernos governos europeus, devem ser tomadas com cuidado. Que o governo não deva tentar limitar a livre ação dos indivíduos não significa, de acordo com Mill, que aquele não possa exercer por si mesmo ações livres que tendem a empregar de modo benéfico seu poder, seus meios de informação e seus recursos econômicos para promover o bem-estar público. Para além das críticas aos Estados factualmente existentes, Mill acredita que o Estado, ao menos o que ainda está por ser construído, pode ser considerado um grande benefício à sociedade, uma companhia de mútuo reasseguramento, com o fim de ajudar – com todas as regulações necessárias para evitar abusos – à grande massa de seus membros que não podem fazê-lo por si só.[6]

As críticas ao sistema e aos perigos que este contém não levam Mill a defender o afastamento em relação à política, e sim a propor um tipo de intervenção que não deixe as coisas livres por si mesmas e nem trate de se opor a tendências irresistíveis: o que se trata é criar tendências que as neutralizem e, dessa maneira, possam modificar o cenário.[7]

De maneira semelhante, pode-se dizer que em Stevenson tampouco as críticas implicam um afastamento da política. Em *A Ilha do Tesouro*, a família de Jim Hawkins – o protagonista – restaura uma pobre pousada construída sobre uma enseada convenientemente situada para o comércio imperial britânico sem receber nenhum benefício do sistema; não obstante, Jim, após encontrar o tesouro, decide regressar à Inglaterra sem intenções

---

6. "A teoria de que os governos não podem fazer nada melhor que não fazer nada; uma doutrina gerada pelo egoísmo e incompetência manifestos dos governos europeus modernos, mas sobre a qual, como uma teoria geral, agora é permitido dizer, que metade é verdade, e que a outra metade é falsa [...] Mas segue-se a partir disso que o governo não pode exercer uma gerência livre por conta própria? – que não pode beneficamente empregar seus poderes, seus meios de informação e seus recursos pecuniários (que até agora superam os de qualquer outra associação, ou qualquer pessoa), na promoção do bem-estar público por mil meios nos quais os indivíduos nunca iriam pensar, não teriam motivos suficientes para tentar ou não têm poder suficiente para realizar? [...] Um Estado deve ser considerado como uma grande sociedade de benefício, ou companhia de seguros mútua, para ajudar (ao abrigo dos regulamentos necessários para a prevenção do abuso) aquela grande parte dos seus membros que não podem ajudar a si mesmos" (Mill, "Coleridge", 1981, v. X, p. 156).

7. "Tudo o que nós estamos em perigo de perder podemos preservar; tudo o que nós perdemos, podemos recuperar, e levar a uma perfeição até então desconhecida, mas não por meio do entorpecimento e do abandono das coisas para si mesmas, não mais do que por uma ridícula tentativa de nossa força contra suas tendências irresistíveis; apenas por meio do estabelecimento de contra-tendências, que podem se combinar com as tendências e modificá-las" (Mill, "Civilização", 1981, v. XVIII, p. 136).

de voltar, quando lá estão mais riquezas enterradas. A viagem à ilha pode parecer o regresso a um estado originário da natureza; entretanto, aquela faz parte da rede na qual a geografia colonial dividiu e classificou o mundo. O valor do mapa – no relato de Stevenson e na materialidade da obra, que se edita como uma ficção cartográfica como parte do produto literário – é revelador do imaginário geográfico da Inglaterra do século XIX: o mapa é muito mais que uma representação do mundo, é uma tecnologia de controle sobre o mundo e, na novela, a disputa pela posse do mapa é o disparador de todos os conflitos.[8]

A obtenção do tesouro custa "sangue e dor", "ignomínia e mentira e crueldade". Por isso, ao final da novela o protagonista, após seu regresso à Inglaterra, diz: "Nem arrastado me levariam de volta a essa maldita ilha". Após a longa viagem, a volta à casa expressa, de alguma maneira, o retorno a uma ordem, e, nessa viagem, torna-se evidente o maior risco que o sistema político impõe: a impossibilidade de fuga, para trás, a um estado natural primitivo, e adiante, a uma sociedade que possa se situar por fora, ou contra, o sistema.

2.2 Os perigos da multidão

> *A multidão: nenhum tema se impôs com tanta*
> *autoridade aos literatos do século XIX.*
> (Benjamin, 1972, p. 135)

Certamente, como diz Benjamin, a multidão das grandes metrópoles é um tema relevante à literatura e à filosofia política no cenário da modernidade. A multidão como uma massa amorfa e impessoal, que pulula pelas ruas da cidade moderna, é um tópico recorrente na hora de se pensar os modos de constituição da subjetividade: como se inscreve a própria individualidade nessa massa, quais são as possibilidades de se estabelecer relações interpessoais nesse conglomerado anônimo, como se podem gestar processos de

---

8. Sobre o mapa como objeto de desejo na trama de *A Ilha do Tesouro*, ver Buckton (2005). Sobre as relações entre a geografia e o poder colonial e os modos de representar o mundo, ver Anderson (1993, p. 238-249).

construção identitária nele, são, todas essas, questões que aparecem uma e outra vez nas análises sobre o sujeito moderno.

Igualmente, a multidão também foi vista como o cenário ideal para eludir o controle e liberar os instintos: no marco dessa corrente que arrasta os indivíduos, os limites transbordam e o delito resiste à sanção jurídica. As cidades superpovoadas, com extensos setores submersos na pobreza, são vistas como âmbitos propícios à violência e à delinquência. Nesse sentido, na Londres das últimas décadas do século XIX, proliferam as imagens da degeneração moral das massas pauperizadas, que contribuem para definir uma representação urbana muito extensa: como diz Kirkland, Londres é uma cidade que teme, e seu temor se incrementa quanto mais se sente que os delitos retornam à invisibilidade sobre a corrente da multidão (Kirkland, 2001, p. 2).

N'*O estranho caso de Dr. Jekyll e Mr. Hyde*, a multidão aparece como um cenário em que os crimes de Edward Hyde são levados a cabo com impunidade. Hyde vive em um "ativo bairro de Londres" no qual durante todos os dias da semana circula muita gente (Stevenson, 1982, p. 142); e é entre a multidão que se desdobram suas "excursões" delitivas (Stevenson, 1982, p. 220). Como diz Richard Walker, Hyde é um monstro moderno e, como tal, é essencialmente urbano (Walker, 2005, p. 79): é o caráter anônimo da multidão de Londres o que permite que seus delitos prosperem, e é a aparente invisibilidade de Hyde no fluxo da grande cidade que o torna mais temível.

No caráter anônimo da multidão, Mill, em troca, identifica outro perigo: que se devore a identidade subjetiva. O indivíduo, perdido naquela, torna-se cada vez mais dependente da opinião geral, e menos da opinião fundamentada. A opinião geral é, para Mill, o correlato da multidão anônima; e sua "tirania" é a expressão de uma massa indiferenciada. A isso contrapõe a importância de escutar o que pensam aqueles que são conhecidos por nós, o que implica que é a possibilidade de individualizar o outro o que torna valiosa sua opinião.[9]

---

9. "O indivíduo torna-se tão perdido no meio da multidão que, embora ele dependa cada vez mais da opinião pública, ele está apto a depender cada vez menos da opinião bem fundamentada, da opinião daqueles que o conhecem. Um caráter estabelecido torna-se de uma vez mais difícil de ganhar, e muito mais fácil de ser dispensado" (Mill, "Sobre a liberdade", 1981, v. XVIII, p. 132).

Os homens e mulheres, na multidão, não mostram outra inclinação que aquela que os empurra ao que é habitual; sua mente está atada ao jugo da conformidade, inclusive no que se refere às coisas que fazem por prazer. Nesse marco, diz Mill, a excentricidade é considerada um delito.[10]

Ao mesmo tempo, Mill reconhece que a opinião das massas se tornou um poder que governa o mundo, e mais ainda quando é exercido por governos que se convertem no órgão das tendências e instintos daquelas.[11] Nesse sentido, a proposta de Mill é interessante e até pode ser paradoxal: trata-se de pensar na criação de instituições nacionais de educação e a emergência de formas políticas que vigorem o temperamento individual.[12] Por que dizemos que essa colocação é paradoxal? Porque, para Mill, fortalecer a individualidade implica trabalhar sobre a vontade dos indivíduos. Como sustenta em *Considerações sobre o governo representativo*, boa parte do poder consiste na vontade e, portanto, não se pode analisar o poder político, ignorando tudo aquilo que atua sobre a vontade.[13] A individualidade, então, não seria o resultado das inclinações espontâneas de homens e mulheres, mas das intervenções das instituições políticas que a suscitam. Assim, Mill parecia vislumbrar um caminho intermediário entre a homogeneidade asfixiante da multidão e a excentricidade perigosa do indivíduo.

---

10. "Não ocorre a eles que tenham qualquer inclinação, exceto para o que é habitual. Assim, a própria mente é curvada ao jugo: mesmo no que as pessoas fazem por prazer, a conformidade é a primeira coisa pensada; eles gostam de estar na multidão, eles exercem sua escolha apenas entre as coisas comumente feitas, peculiaridade de gosto, excentricidade de conduta, são evitadas igualmente como o crime" (Mill, "Sobre a liberdade", 1981, v. XVIII, p. 265).

11. "No momento, os indivíduos estão perdidos na multidão. Na política é quase uma banalidade dizer que a opinião pública agora governa o mundo. O único poder que merece o nome é o de massas, e dos governos, enquanto eles fazem-se o órgão das tendências e instintos das massas" (Mill, "Sobre a liberdade", 1981, v. XVIII, p. 268).

12. "Os males são que o indivíduo está perdido e se torna impotente no meio da multidão, e o próprio caráter individual se torna relaxado e debilitado. Para o primeiro mal, o remédio é uma combinação maior e mais perfeita entre os indivíduos, para o segundo, instituições nacionais de educação e formas de organização política, calculadas para revigorar o caráter individual" (Mill, "Civilização", 1981, vol. XIX, p. 136).

13. "Politicamente falando, uma grande parte de todo o poder consiste na vontade. Como é possível, então, calcular os elementos do poder político, enquanto omitimos do cálculo qualquer coisa que age sobre a vontade?" (Mill, "Considerações sobre o governo representativo", Mill, 1981, v. XIX, p. 381).

2.3 Os perigos do âmbito privado

Na tradição liberal, o estabelecimento de uma fronteira clara entre o público e o privado aparece como uma conquista que lhe permite marcar um limite ao poder político, fixar um território no qual o indivíduo fica preservado da intromissão estatal. Nesse sentido, Judith Shklar diz que os limites da coerção "começam, e não terminam, com uma proibição à invasão do âmbito privado", e expressam a importância de uma "linha mutável, mas não apagável, que dê liberdade aos liberais para que abracem uma faixa muito ampla de crenças filosóficas e religiosos" (Shklar, 1993).

Sem dúvida, Mill considera que a diferenciação entre o público e o privado é uma conquista-chave para a liberdade, e a situa no marco do processo de separação do poder temporal e do espiritual, que contribuiu para prevenir a interferência da lei nos resquícios da vida privada. A questão é como garantiremos que essa barreira "mutante, mas não apagável" não permita guardar perigos à sociedade.

Nesse sentido, Mill reconhece que, salvo algumas exceções, as inclinações dos homens estão dominadas pela busca do desfrute na vida privada, o que de alguma maneira pode pôr em risco a convivência pública, posto que, em sua opinião, o governo não pode se sustentar se os homens só se preocupam por seus interesses egoístas.[14]

Certamente, esse fechamento do espaço privado à opinião pública pode ser tanto uma garantia frente ao poder como um risco de transbordamentos incontroláveis. Quando se fecha a porta, quem pode saber o que ocorre dentro da casa? Essa duplicidade do âmbito privado é claramente explícita em *O estranho caso de Dr. Jekyll e Mr. Hyde*: o protagonista é alcançado com o fechar das portas e janelas de seu laboratório para revelar o seu lado "mais perverso". De fato, a dicotomia entre o honesto e o respeitável Dr. Jekyll e o monstruoso criminoso Mr. Hyde se expressa na oposição entre o público e o privado. Como diz Dr. Jekyll:

> Muitos homens pagaram a outras pessoas para que estas levassem a cabo seus crimes, enquanto elas mesmas e sua reputação se encontrariam a salvo. Eu era o primeiro que os cometia, pessoalmente, para meu próprio prazer. O

---

14. "Sempre que a disposição geral das pessoas for tal que cada indivíduo considere somente aquilo que de seu interesse for egoísta, e que não se debruce sobre, ou que se preocupe com a sua parte do interesse geral, em tal estado de coisas bom governo é impossível" (Stevenson, 1982, p. 390).

primeiro que podia se apresentar frente a opinião pública com sua aparência de simpática respeitabilidade e, em qualquer momento como um escolar, pular as barreiras e sair ao mar da liberdade. Mas, para mim, em meu manto impenetrável, a segurança era completa. Pode imaginá-lo? Nem sequer existia. Só tinha que abrir a porta do meu laboratório... (Stevenson, 1982, p. 219).

Stevenson materializa a oposição entre o público e o privado em uma imagem na qual a escala espacial se move entre "a casa" e "Londres", o âmbito doméstico e a cidade. Stevenson diz, em relação à residência de Jekyll, que "Londres se estende ao redor da casa" (Stevenson, 1982, p. 195). E todo o desenvolvimento da trama se beneficia dessa oposição: Dr. Jekyll tem uma identidade pública, enquanto que poucos conhecem Hyde. De fato, o advogado de Jekyll refaz o testamento deste em benefício de Hyde sem nunca ter o visto, e os empregados da casa de Jekyll tampouco o registram mais que como uma presença ocasional. Para conseguir dar vazão aos crimes de Hyde, Jekyll aluga uma casa por meio de uma governanta "calada e sem escrúpulos" (Stevenson, 1982, p. 219). E quando Jekyll deixa de controlar a transformação que o põe no corpo de Hyde, fecha as janelas para que não o vejam (Stevenson, 1982, p. 185).

Essa dupla condição de resguardo e ameaça que mancha o âmbito do privado se torna visível em todo seu drama e no desenrolar da obra: ao final de sua vida, Jekyll/Hyde passa oito dias recluso e se comunica passando um papel por debaixo da porta de seu laboratório. A preservação jurídica do privado, beirando a sacralidade, mostra-se no fato de que durante esses oito dias ninguém, apesar das piores suspeitas sobre o destino de Jekyll, atreve-se a derrubar a porta. E quando decidem fazê-lo, o advogado e o mordomo de Jekyll manifestam considerações jurídicas sobre o ato; e o primeiro, em sua condição de "homem das leis", resolve assumir a "responsabilidade" por esse ato para que o mordomo "não fosse afetado" (Stevenson, 1982, p. 193).

A questão é que a porta fechada não permite saber se quem está dentro é o honesto Jekyll ou o perverso Hyde. E esse é o grande problema da preservação extrema do privado: que perigos se alojam entre as paredes da casa, um problema que no esquema liberal de governo nunca deixará de ser definitivamente resolvido.

2.4 Os perigos do corpo

O corpo como *locus* do perigo é uma imagem própria desse período em que a vida biológica da espécie – a população – ingressa no campo da política. Nesse princípio, entre as primeiras ameaças aparece o corpo como portador de enfermidades, e a Londres das últimas décadas do século XIX se encontrava ameaçada pelas epidemias características dos grandes conglomerados urbanos com extensos setores da população pauperizada (Kirkland, 2001, p. 3).

Frente ao perigo do contágio, Mill admite a necessidade de intervenção do governo, mesmo se é afetado algum aspecto da liberdade individual. O governo deve intervir, diz Mill, não para indicar aos indivíduos o que é bom para cada um deles, mas sim o que é melhor para o conjunto da sociedade. Quando se empregam políticas públicas em matérias sanitárias, o que se faz não é obrigar as pessoas a cuidarem de si mesmas, e sim evitar que prejudiquem aos outros.[15] Qualquer outra forma de intervenção atentaria contra a liberdade individual; mas no marco de uma estratégia biopolítica, quando do que se trata é de evitar que a enfermidade se difunda, alguns deslizamentos que avançam à esfera das liberdades individuais são permitidos.

Uma postura interessante é a que Mill expressa em relação à prevenção de enfermidades venéreas. Durante a década de 1860, na Inglaterra se desenvolve uma intensa discussão em torno da política estatal frente às enfermidades contagiosas. As *Contagious Diseases Acts*, sancionadas em 1862 e modificadas em 1866 e 1869, convocam uma pluralidade de vozes entre as quais se destaca a de Mill: convocado pelo parlamento a se pronunciar sobre as atas, manifesta – em relação ao problema da expansão das doenças venéreas entre os soldados nas cidades-guarnições – sua enérgica recusa a obrigar as prostitutas a passarem por exames médicos e aponta aos homens que têm relações com elas como os responsáveis pelo contágio a vítimas inocentes, como, por exemplo, suas esposas.[16]

---

15. "O objeto próprio das leis sanitárias não é obrigar as pessoas a cuidarem de sua própria saúde, mas impedi-los de comprometer a dos outros. Prescrever por lei o que devem fazer para sua própria saúde seria, pela maioria das pessoas, justamente considerado como algo muito parecido com a tirania" (Mill, "Whewell sobre filosofia moral", 1981, v. X, p. 198).

16. "Eu acho que, se a prevenção deve ser mesmo aplicada, deve ser aplicada ao homem, o único que tem o poder de cometer esse crime de maneira direta. Quando a mulher infecta alguém, o homem deve ser sempre uma parte que consente a correr o risco: é apenas o homem que, tendo sido infectado, pode comunicar a infecção para uma pessoa inocente,

Para Mill, o corpo aloja perigos biológicos que são, sem dúvida, um mal do qual a política deve controlar, porque a "tendência geral do mal é o mal", portanto, aprofunda-se o risco se não se intervém. Poder-se-ia dizer que em Mill há um cálculo biopolítico de utilidade – no sentido que propõe Jeremy Bentham, isto é, uma aritmética de custo-benefício – em relação aos riscos que se alojam no corpo e aos resultados possíveis da intervenção, uma vez que a enfermidade produz "incapacidade de ação, debilidade da mente e, muitas vezes, a perda dos meios de subsistência", e, por isso, se o Estado não toma medidas, aprofunda-se essa tendência do mal ao mal.[17]

Mill também reconhece que a pobreza é a mãe de milhares de males mentais e morais. Entretanto, não a considera algo natural, e sim que seja um produto social e, portanto, eliminável se se combina a inteligência da sociedade com o bom senso e a previsão dos indivíduos.[18] Nesse sentido, se há uma relação entre pobreza e enfermidade, a mesma não expressa a crença em um vínculo imanente entre decadência física e decadência moral, mas simplesmente uma deterioração de condições materiais de vida propícia para as epidemias, mas salvável por meio de intervenções político-sociais.

Stevenson, em troca, reflete esse imaginário da Inglaterra do final do século XIX marcado pelas teorias da degeneração que afirmam que há um correlato necessário entre a degradação física e a degradação moral. Em *A Ilha do Tesouro*, por exemplo, os personagens mais perversos exibem alguma forma de comprometimento físico: entre os piratas do grupo ao qual pertenceu alguma vez o "Capitão" Bill, que se aloja na pousada onde começa a história, encontra-se Perro Negro, que, por sua vez, não possui três dedos e cuja presença solitária faz com que perca "toda a cor de sua cara", como quem vê "um fantasma, ou o diabo, ou algo pior, se é que pode haver" (Stevenson, 1982, p. 22); o cego Pew tem a "voz mais fria, cruel e

---

e, portanto, se houver qualquer argumento para a prevenção, deve ser para medidas preventivas aplicadas a homens que infectam essa mulher, e não para as próprias mulheres" (Mill, "As leis sobre doenças contagiosas", 1981, v. XXI, p. 362).

17. "A tendência geral do mal é em direção ao mal. A doença física torna o organismo mais suscetível a doenças; produz incapacidade de esforço, por vezes a debilidade de espírito, e muitas vezes a perda de meios de subsistência... a pobreza é o pai de mil males mentais e morais" (Mill, "Três ensaios sobre religião", 1981, v. X, p. 388). Sobre o cálculo de utilidade em Jeremy Bentham, ver, por exemplo, "Uma introdução sobre os princípios da moral e da legislação" (1907, p. 23).

18. "A pobreza, em qualquer sentido, implicando sofrimento, pode ser completamente extinta pela sabedoria da sociedade, combinada com o bom senso e a providência dos indivíduos" (Mill, 1981, vol. X, p. 216).

desagradável" (Stevenson, 1982, p. 32) que o jovem protagonista do relato, Jim Hawkins, já escutou; e John Silver "o longo", o líder de "características psicóticas" segundo Dana Fore, que organiza o motim que põe em risco a expedição à ilha, falta-lhe uma perna (Stevenson, 1982, p. 32).

Stevenson apresenta o corpo como um invólucro da personalidade que reflete, em sua materialidade, as características psicológicas e morais dos indivíduos. Edward Hyde, por exemplo, é "menor, mais rápido e mais jovem" que Harry Jekyll, porque a vida deste foi "em suas nove décimas partes uma vida de esforço, virtude e dedicação" e o "lado mau de sua natureza" é "menos robusto e menos desenvolvido que o lado bom" (Stevenson, 1982, p. 216-217).

Tanto Jekyll assim como Hyde expressam em seu corpo as características de sua alma: no semblante de Jekyll "o bem brilhava" (Stevenson, 1982, p. 217), enquanto que Hyde tem mãos "pequenas e peludas" (Stevenson, 1982, p. 228), e "o mal estava escrito em caracteres grossos e inconfundíveis" em seu rosto (Stevenson, 1982, p. 217). As transformações físicas que produz a droga experimentada por Jekyll colocam em dúvida a materialidade do corpo e sua capacidade de fixar a personalidade a uma dimensão biológica: "Comecei a perceber, mais profundamente do que nunca havia insinuado, a trêmula imaterialidade, a nebulosa transitoriedade desse aparentemente tão sólido corpo a que nos encontramos atados" (Stevenson, 1982, p. 214).

Quando, finalmente, as transformações ocorrem sem o controle de Jekyll, fica claro que as barreiras entre o semblante e o porte do elegante doutor e a deformação física, que expressa o mal reinante em Hyde, são permeáveis, e, além disso, que ninguém que ultrapassa essa fronteira da "anormalidade", como diz Fore, volta a sua vida habitual sem marcas (Fore, 2010, p. 37-38). Assim, Jekyll que permite a si mesmo essas incursões ao mal por meio de Hyde, descobre um dia que não pode voltar ao seu próprio corpo.

2.5 Os perigos de si mesmo

Se nem mesmo o corpo está fixado a uma forma material, o que pode se esperar da alma, da mente ou da personalidade? Como pretender que a identidade do sujeito consigo mesmo se mantenha estável? Esse é, talvez, o perigo mais premente que a sociedade liberal-capitalista enfrenta: um perigo que não está fora, e sim dentro de nós mesmos, inclusive sem que talvez saibamos.

O problema é que o sujeito não é transparente a si mesmo, e, portanto, tampouco o é plenamente para a teoria. Mill, por exemplo, aponta que as teorias morais e as que analisam o comportamento dos homens ignoram metade dos "sentimentos mentais" dos quais os homens são capazes, mesmo quando não estão conscientes deles.[19] O próprio Mill é um exemplo, uma vez que ele denomina que sua "crise mental" se deve, em sua opinião, à eclosão de sentimentos que nem ele sabia que tinha. Aos vinte anos, Mill descobre que nada do que até então o satisfazia produzia felicidade a ele, e, desse modo, tem a sensação de que não há nada que valha a pena viver. Dada sua educação, enfrenta essa situação tratando de racionalizar o que lhe ocorre, mas descobre que os hábitos analíticos com os quais foi educado são inúteis para compreender os sentimentos (Mill, 2004, p. 76-80).

O relato da experiência de Mill mostra que os indivíduos nem sempre são inteligíveis para si mesmos no que concerne aos seus pensamentos, sentimentos e ações, e que a lógica analítica não contribui à autocompreensão subjetiva. Isso põe em xeque o modelo racionalista moderno, fundado no que Foucault denominaria como a soberania do sujeito: um sujeito soberano que, desde o exterior deixa no discurso "a marca inapagável de sua liberdade" e constitui as significações (Foucault, 1985, p. 75).

O estranho caso de Dr. Jekyll e Mr. Hyde mostra que as ações dos sujeitos nem sempre são fruto de suas decisões livres e nem têm para eles um significado claro, como tampouco têm suas emoções e sentimentos. Os personagens, em várias oportunidades, manifestam que não podem dar explicações sobre o que dizem, sentem ou fazem. Mr. Enfield, o primeiro personagem no relato que fala de Hyde, diz:

> Não é fácil descrever. Há algo estranho em seu aspecto; algo desagradável, algo completamente detestável. Nunca conheci um homem que me desagradasse tanto; entretanto, mal sei por quê. Deve ser deformação de alguma parte; produz uma forte sensação de deformidade, embora não pudesse especificar o ponto. É um indivíduo de aspecto extraordinário e, contudo, eu verdadeiramente não poderia apontar algo anormal. Não, senhor; não posso descrevê-lo.

---

19. A respeito do utilitarismo e do pensamento de Jeremy Bentham sobre esse assunto, Mill (1981, v. X, p. 98) diz: "Ele negligencia a existência de pelo menos metade do número completo de sentimentos mentais de que os seres humanos são capazes".

E não por falta de memória, pois juro que é como se o estivesse vendo nesse mesmo momento. (Stevenson, 1982, p. 152)

Em geral, todos os personagens do relato manifestam algo semelhante: Hyde produz-lhes um desagrado que não podem explicar. Mr. Utterson, o advogado de Jekyll, menciona algumas características quase fúteis que percebe em Hyde – voz rouca e quebrada, atitude atrevida, sorriso desagradável –, para esclarecer finalmente que "nem todos eles juntos bastavam para explicar o desgosto imenso, a repugnância e o temor" que aquele homem lhe proporcionava (Stevenson, 1982, p. 160).

E obviamente, o próprio Hyde exibe condutas que não têm explicação, como o assassinato de Danvers Carew, alguém que ocasionalmente cruza seu caminho: Hyde, incompreensivelmente, tem um acesso de ira – pisoteia o solo, empunha o bastão e se comporta "como um louco" – e "desdobra-se totalmente", começando a pisotear e a golpear Carew com o bastão (Stevenson, 1982, p. 167).

Hyde põe em evidência que há um custo humano maligno que pode conviver, inclusive, com inclinações nobres e honráveis. Na pessoa de Jekyll estavam separados claramente os "campos do bem e do mal" (Stevenson, 1982, p. 212), colocando em situação de "perene luta" suas "duas personalidades". É interessante a explicação que Jekyll dá sobre a origem dessa dualidade: certa "impaciente vivacidade de disposição", confrontada pelo "desejo de levar a cabeça ao alto", o conduz a "ocultar seus prazeres" e o inclina a uma "profunda duplicidade" em sua vida (Stevenson, 1982, p. 212).

A ideia da necessidade de ocultar os prazeres, sustentando, assim, uma vida dupla, inscreve-se no que Michel Foucault caracterizou como uma das principais preocupações do Ocidente: a relação entre os prazeres e a moral. Desde Sêneca até o Cristianismo, a moralidade do sujeito parece se definir na luta contra o prazer (Foucault, 2002, p. 261). E é significativo também que Jekyll tenha começado a utilizar a droga que lhe permitia se transformar em Hyde, na maturidade tardia de sua vida, já próximo da velhice. Como disse Foucault, não se pode esperar nada dos prazeres físicos "que não é capaz de gozar". Se é na velhice que o sujeito pode aspirar a se converter em soberano de si mesmo, porque não pode esperar muito dos prazeres físicos (Foucault, 2002, p. 115), então compreende-se que Jekyll experimente com Hyde, em cujo corpo diz se sentir "mais jovem, mais rápido, mais feliz" (Stevenson, 1982, p. 215-216).

Hyde empresta a Jekyll um invólucro corpóreo para seu lado maligno e este crê, a princípio, que conseguirá entrar e sair dele à vontade: "posso me desfazer de Mr. Hyde no momento em que eu desejar", diz ao seu advogado (Stevenson, 1982, p. 165). Entretanto, à medida em que passa o tempo, perde o controle sobre o processo e chega a se converter em Hyde sem tomar a droga. "Perdi a confiança nas minhas decisões" (Stevenson, 1982, p. 175), confessa a Mr. Utterson, mostrando que esse lado maligno se tornou ingovernável.

O paradoxal é que Jekyll acredita poder explicar o fenômeno, mas isso não é suficiente para controlá-lo. Em uma ocasião, desperta-se na habitação de Hyde e começa a reconstruir os acontecimentos, analisando-os com "procedimentos psicológicos"; prontamente, em meio a "essa operação" e em um dos momentos de "maior lucidez", descobre que sua mão está adquirindo um aspecto peludo da mão de Hyde. Então, "o terror estala em seu peito" e corre ao espelho para confirmar que, mas uma vez, estava no corpo de Hyde (Stevenson, 1982, p. 221-222). Essa situação expressa o perigo em que se encontra o edifício da racionalidade instrumental: nem sempre a explicação racional alcança quando se trata de dominar as inclinações e comportamentos humanos (Stevenson, 1982, p. 221-222).

Esse descontrole ocorre quando os prazeres que Jekyll procura por meio do corpo de Hyde se deslizam do "indigno" ao "monstruoso" (Stevenson, 1982, p. 220). A figura do monstruoso em Jekyll se aproxima à caracterização foucaultiana do "monstro moral", um tópico recorrente no discurso médico-legal do final do século XIX. O monstro, nesses anos, é um fenômeno tanto biológico como jurídico, que busca seu lugar tanto na medicina como na legislação: reclama uma explicação pelo lado da biologia e uma tipificação no marco da ordem jurídica da sociedade liberal-capitalista. No monstro se condensam, diz Foucault, o proibido e o impossível, porque viola a lei e, ao mesmo tempo, a empurra até o seu limite, deixando-a sem voz (Foucault, 2000, p. 61-62). Por isso, a legislação deve acudir a Medicina para que contribua para explicar esse fenômeno.

A esse silenciamento da lei corresponde o silêncio do monstro: os dois casos jurídicos que Foucault apresenta como exemplos têm em comum o fato de serem figuras que não falam, não dizem nada, só atuam. Algo semelhante ocorre com Hyde: expressa-se por meio de suas ações que são delitos "monstruosos", como diz o próprio Jekyll; tem uma "tendência a se ater aos fatos do momento", sem dimensão de passado e nem de futuro; e raramente fala, salvo nas circunstâncias que o exijam e, se o faz, articula desajeitadamente as palavras (Foucault, 2000, p. 208).

O monstruoso parece se assemelhar à ausência de discurso, à renúncia à explicação, a colocar em palavras o que alguém faz. E posto que na tradição hermenêutica ocidental o discurso é considerado a superfície de condensação do sentido, isso implica renunciar ao sentido, o que é uma forma de renunciar ao humano.

O problema, para a racionalidade governamental do liberalismo, é que "o monstruoso" em Hyde não remete, como diz Walker, aos instintos do homem selvagem, e sim ao interesse egoísta do burguês (Walker, 2005, p. 97). O que é ameaçador para a ordem liberal-capitalista é que, potencializada em suas inclinações egoístas, o *homo economicus* – esse sujeito que se parecia plenamente "governamentalizável", essa interface entre o indivíduo e o governo, como diria Foucault (2007, p. 292) – possa se converter em um "monstro moral" ingovernável, colocando em perigo o funcionamento das engrenagens da sociedade de mercado.

3. Conclusão

Richard Walker diz que Hyde é um monstro moderno, em acordo com as características da segunda metade do século XIX, porque expressa a ansiedade que geram os efeitos e os sintomas da modernidade (Walker, 2005, p. 90). Indubitavelmente, Hyde sintetiza vários dos temores que atravessam os habitantes das metrópoles modernas: até onde marcha a ordem liberal-burguesa; como convivem a autoafirmação individual com a multidão anônima das grandes cidades; que perigos podem ameaçar as barreiras destinadas a proteger o âmbito privado; como controlar as ameaças de um corpo que se degenera, se contagia e se corrompe; até onde é possível conhecer a mente e os sentimentos humanos.

Para o liberalismo, essas questões cruzam a preocupação do governo: como governar, quanto governar, com que instrumentos. Nesse marco, as colocações de Mill sobre a necessidade de modelar as vontades e estimular a individualidade se inscrevem no marco da estratégia liberal de suscitar indivíduos governáveis. E aqui vale lembrar que o *homo economicus* não necessariamente é o tipo humano em que se encontra a racionalidade governamental do liberalismo, e sim o que busca produzir ou estimular.

O problema surge, então, quando esse indivíduo egoísta e calculista não domina suas paixões: o que ocorreria com a tecnologia liberal do governo se Hyde, longe de ser uma exceção aberrante, fosse simplesmente o *alter ego* do individualismo burguês em sua forma mais extrema (Walker, 2005, p. 97)? Nesse sentido, não se pode esquecer que todos, na novela, concordam que há "algo anormal e bastardo na própria essência" de Hyde, a aposta de Jekyll ao experimentar a droga é "isolar em identidades diferentes" o bom e o mal que há no homem, para não expor "a vergonha e a penitência" ao lado mais nobre, mas também para permitir que o "injusto" siga seu caminho "livre das aspirações e arrependimentos por seu gêmeo mais honesto" (Stevenson, 1982, p. 214). Mas as ações desse "monstro moral" não desafia, por acaso, a racionalidade governamental do liberalismo? Podemos coincidir com Foucault quando afirma que a alavanca do governo, no liberalismo, tem como ponto de apoio o interesse egoísta, mas não há um limite para além do qual o sujeito se torna ingovernável?

Ao final do romance, quando o trânsito de ambos os corpos se descontrola, Jekyll, com a lógica desse indivíduo aquisitivo e calculista que é o *homo economicus*, adverte claramente que ele e Hyde compartilham alguns fenômenos de "uma coincidência da qual ambos iriam ser coproprietários até a morte". Frente a esse destino, o último gesto do indivíduo que habita o corpo de Jekyll é invocar a Deus, a única alternativa que Stevenson encontra ao terror que o ingovernável produz sobre si mesmo.

Referências bibliográficas

ANDERSON, B. *Comunidades imaginadas. Reflexiones sobre el origen y la difusión del nacionalismo.* México: FCE, 1993.

BENJAMIN, W. "Sobre algunos temas en Baudelaire". In: *Iluminaciones II. Baudelaire, un poeta en el esplendor del capitalismo.* Madrid: Taurus, 1972.

BENTHAM, J. *An introduction to the principles of morals and legislation.* London: Oxford Clarendon Press, 1907.

BUCKTON, O. "'Faithful to his map': profit and desire in Robert Louis Stevenson's Treasure Island". In: *Journal of Stevenson Studies.* Stirling Center for Scottish Studies, n. I, 2005. Disponível em: <http://www.robert-louis-stevenson.org/rls-journal>.

FORE, D. "Snatching identity: 'passing' and disabled monstrosity in Stevenson's Dr. Jekyll and Hyde and 'The body snatcher'". In: *Journal of Stevenson Studies*. Stirling Center for Scottish Studies, n. 7, 2010. Disponível em: <http://www.robert-louis-stevenson.org/rls-journal>.

FOUCAULT, M. *Nacimiento de la biopolítica*. Buenos Aires: FCE, 2007.

_____. *Seguridad, territorio y población*. Buenos Aires: FCE, 2006.

_____. "El sujeto y el poder". In: DREYFUS, H.; RABINOW, P. *Michel Foucault*: *más allá del estructuralismo y la hermenéutica*. Buenos Aires: Nueva Visión, 2001.

_____. *La hermenéutica del sujeto*. México: FCE, 2002.

_____. *Los anormales*. Buenos Aires: FCE, 2000.

_____. "Respuesta a L'Esprit". In: *El discurso del poder*. Buenos Aires, Folios, 1985.

HALÉVY, E. *The growth of philosophical radicalism*. Boston: The Beacon Press, 1966.

KIRKLAND, C. "A Time of Terror: England's Social Conditions in the Late Nineteenth Century and the Rise of the Novel of Terror". *Gateway. An Academic History Journal on the Web*, 2 (Summer 2001). Disponível em: <http://grad.usask.ca/gateway/archi ve7.htm>.

LAVAL, C. *L'homme économique. Essais sur les racines du néolibéralisme*. Paris: Gallimard, 2007.

MILL, J.S. *Collected Works*. Toronto & Buffalo: The University of Toronto Press, 1981, v. X.

_____. *Autobiography*. Pennsylvania: Pennsylvania State University, 2004.

SHKLAR, J. "El liberalismo del miedo". In: ROSENBLUM, N. (org.). *El liberalismo y la vida moral*. Buenos Aires: Nueva Visión, 1993.

STEVENSON. R. L. *El extraño caso de Dr. Jekyll y Mr. Hyde*. Buenos Aires: Hyspamérica, 1982.

WALKER, R. "Hey, I say – I cannot say I: Modernity and the crisis of identity in Robert Louis Stevenson's Strange case of Dr. Jekyll and Mr. Hyde". In: *Journal of Stevenson Studies*, Stirling Center for Scottish Studies, n. I, 2005, p. 79. Disponível em: <http://www.robert-louis-stevenson.org/rls-journal>.

BIOPOLÍTICA E SOBERANIA EM FOUCAULT:
uma resposta às críticas de Agamben e Esposito[1]

André Duarte

A questão crítica que gostaria de abordar nesse breve texto foi, primeiramente, colocada por Giorgio Agamben (1998; 2003) e por Roberto Esposito (2006) no contexto de suas próprias reflexões sobre a biopolítica. Em termos gerais, tal questão interessa ao problema das relações de continuidade ou descontinuidade entre os conceitos de biopolítica e de poder soberano no pensamento de Michel Foucault. Trata-se, aqui, também de abordar as relações entre a biopolítica, entendida como o poder estatal de administrar e intensificar a vida, e a tanatopolítica, entendida como o poder soberano de matar a vida de uns em nome da garantia ou melhoria da vida dos outros.

A despeito de sua inegável produtividade à compreensão da moderna relação entre vida humana e poderes estatais dedicados à gestão calculada, Agamben e Esposito consideram que o conceito foucaultiano de biopolítica seria insatisfatório, pois estaria aprisionado a limitações ou ambiguidades teóricas insolúveis. De fato, cabe perguntar: como se determinam as relações entre Estado, biopolítica e poder soberano no pensamento de Foucault? Tratar-se-ia de uma relação histórica de substituição ou de uma relação de imbricação e mútua transformação? Como se relacionam Estado, poder de matar e poder de fazer viver no pensamento de Foucault?

O texto se divide em três momentos. Primeiramente, apresento muito brevemente alguns argumentos de Foucault a respeito de seu conceito de biopolítica, bem como esclareço o ponto-chave a partir do qual Agamben e Esposito formulam suas críticas. Em segundo lugar, circunscrevo e apre-

---

1. Texto original em espanhol. Traduzido por Lucas Morais e revisado por Fernanda Cordeiro Lima.

sento algumas das críticas propostas por Agamben e Esposito ao conceito foucaultiano de biopolítica. Finalmente, busco estabelecer um balanço crítico da discussão e argumento que Foucault nos permite pensar que se não há confusão entre biopolítica e o velho poder soberano estatal, sua aparição histórica tampouco conseguiu substituir o poder soberano e seu direito de matar, e, sim, transformou-o sem, entretanto, eliminá-lo.

Parece-me que as reflexões de Foucault nos permitem pensar distintas maneiras históricas e políticas de conjugação entre Estado, seu poder de fazer viver e seu poder de matar ou deixar morrer as populações. A hipótese que gostaria de apresentar é a de que a noção de "governamentalidade", introduzida no curso *Sécurité, Territoire, Population* (2004), foi o instrumento conceitual que permitiu Foucault conciliar seu conceito de biopolítica, sua nova concepção do Estado e de seu poder soberano. Penso que a lição derradeira de Foucault a respeito é a de que de fato há muitas práticas de governo biopolíticas de populações que não implicam necessariamente a violência estatal. Todavia há mecanismos de governação biopolítica que não se deixam implantar sem que se desenvolvam efeitos colaterais terríveis e que danificam a vida de certas parcelas de uma população em proveito da garantia e do incentivo da vida de outras parcelas da população.

Foucault e a descoberta da biopolítica: novos problemas conceituais

Como se sabe, Foucault apresentou seu conceito de biopolítica a seus leitores em 1976, no capítulo final do primeiro volume de *História da Sexualidade – a vontade de saber* (1999), retomando-o rapidamente no curso oferecido no mesmo ano, e depois publicado sob o título de *Em defesa da sociedade* (2000).

Com o conceito de biopolítica, Foucault tentava explicar o aparecimento, ao longo da segunda metade do século XVIII e, sobretudo, durante o século XIX, de um poder de normalização que já não se exercia sobre os corpos individuais, como o filósofo havia discutido em sua obra anterior, *Vigiar e punir*, e sim se exercia sobre o corpo vivo da espécie humana ou da população.

Ao discutir o assim chamado "dispositivo da sexualidade" – isto é, a rede heterogênea de poderes e saberes que produziram a experiência moderna da sexualidade em suas manifestações hegemônicas, assim como as anomalias e abjeções que lhe correspondem –, Foucault compreendeu o sexo e, desde aí, também a vida da população, como um alvo privilegiado para a atuação de poderes que já não tentavam simplesmente disciplinar e regrar comportamentos e corpos individuais. Por outro lado, tratava-se, então, de normalizar também a conduta da espécie por meio da administração de políticas públicas destinadas a regrar, observar e controlar taxas de natalidade e mortalidade, as condições sanitárias nas grandes cidades, o fluxo de infecções e contaminações, a duração e as condições da vida mesma da população, a segurança pública e os problemas sociais derivados das classes perigosas, etc.

Ao associar as descobertas prévias sobre os micropoderes disciplinares, enquanto tomada de poder sobre a vida dos indivíduos, aos resultados parciais de suas novas investigações sobre o exercício do poder sobre a vida das populações, Foucault propôs o interessante e complexo conceito de "biopoder" (1999, p. 131-132). O efeito específico do biopoder já não era somente o de produzir o indivíduo dócil e útil, mas a gestão normalizada da vida da população enquanto corpo social a partir de políticas estatais. Em síntese, suas novas investigações lhe confrontaram com um poder de normalização cujo centro de irradiação era o Estado. Dessa maneira, desde tal descoberta, Foucault já não podia mais deixar de se importar especificamente com a instituição estatal, sem a qual não se poderiam implementar políticas públicas destinadas a produzir uma vida coletiva saudável, normal e pacífica.

Por um lado, Foucault então já sabia que as práticas biopolíticas de gestão da vida da população implicavam importantes transformações no exercício do poder estatal, alterando substancialmente o *modus operandi* da velha soberania clássica. Assim, o Estado continuava sendo uma instituição capaz de impor a morte sobre indivíduos e populações, mas sua lógica de atuação sofria agora importantes mudanças e deslocamentos, uma vez que seu princípio de atuação se voltava à gestão do incremento da vida.

A partir da plena instauração histórica da biopolítica, o poder soberano já não podia se contentar com sua simples prerrogativa de matar para proteger a integridade do soberano, pois seu objetivo agora era o de fazer viver mais e melhor, estimulando o crescimento da vida da população. O deslocamento era claro: se antes o poder soberano exercia seu poder sobre a vida na medida em que podia eliminá-la, defendendo-se como "direito de matar ou deixar viver", a partir do século XIX se consolida a transformação pela qual o poder estatal se define por sua capacidade de "'fazer' viver e 'deixar' morrer" (Foucault, 2000, p. 287).

Por outro lado, penso que ao introduzir a discussão dessas mutações biopolíticas no primeiro volume da *História da Sexualidade*, Foucault ainda não dispunha de uma linguagem conceitual adequada às suas novas necessidades teóricas. Ao que me parece, a dificuldade teórica se associava ao fato de que, tanto em *A vontade de saber* como em *Vigiar e punir*, Foucault questionava a tradicional primazia concedida pela filosofia política ao Estado e a seu poder soberano. Por isso, Foucault tomou a precaução teórica de pôr o Estado e o poder soberano clássico entre parênteses, deixando-os de lado ou em suspensão, a fim de estudar o surgimento de novas tecnologias modernas de poder-saber, situadas para além do velho poder soberano estatal de matar os súditos. Entretanto, em *História da Sexualidade*, tais precauções teóricas prévias resultaram em formulações cuja terminologia imprecisa dava margem a mal-entendidos ou a confusões conceituais. Nessa obra, por exemplo, Foucault afirma que "o direito de morte tende a se deslocar ou pelo menos a se apoiar nas exigências de um poder que gerencia a vida, ordenando-se em função de suas reivindicações" (Foucault, 1999, p. 128). Ou então: "a velha potência de morte que simbolizava o poder soberano é, a partir de agora, revestida pela administração dos corpos e pela gestão calculista da vida" (Foucault, 1999, p. 131).

Na realidade, como compreender exatamente tal "deslocamento" no exercício do poder estatal de matar? O que Foucault quer dizer quando afirma que o poder soberano de impor a morte passa a se "apoiar" sobre um poder que tem por objetivo a produção da vida? O que significa exatamente que a velha potência de morte seja agora "revestida" por um novo poder vital? Tais questões poderiam ser resumidas assim: o que ocorre com o poder estatal soberano quando este se responsabiliza pela produção da vida? E como compreender que a mesma produção da vida social e comunitária não deixe de produzir genocídios e massacres sangrentos, dentro e fora da comunidade? Como compreender as relações entre Estado, poder soberano e cuidado da vida no pensamento de Foucault? Não será casual, pois, que tais problemas estejam no centro das colocações críticas de Agamben e de Esposito, embora por meio de raciocínios distintos.

Giorgio Agamben e Roberto Esposito: sobre o problema da relação entre soberania e biopolítica

Segundo Agamben, se é verdade que Foucault soube como ninguém desvendar o caráter biopolítico da política moderna, o filósofo, entretanto, não teria compreendido os vínculos necessários entre biopolítica e regimes totalitários, aspecto evidenciado pelo fato de Foucault nunca ter analisado os campos de concentração. Foucault tampouco teria sido capaz de elucidar a correlação existente entre campo de concentração, o *homo sacer* e o poder soberano, a qual seria imanente na estrutura metafísica da política ocidental e, dessa forma, ultrapassaria o umbral da modernidade. Em síntese, Foucault não teria sido capaz de pensar de maneira adequada o nexo entre biopolítica e violência soberana estatal, fenômeno elevado ao paroxismo nos totalitarismos, mas presente, também, nas democracias liberais contemporâneas sob a forma do Estado de exceção feito regra normal de governação. Com a instauração do Estado de exceção, o soberano pode suspender as garantias e direitos individuais e coletivos, projetando-se para além de toda legalidade, sempre que lhe pareça necessário garantir a ordem política e econômica.

Recordemos, pois, uma das teses centrais de Agamben em seu livro *Estado de Exceção*:

> O totalitarismo moderno pode ser definido, nesse sentido, como a instauração, por meio do estado de exceção, de uma guerra civil legal que permite a eliminação física não só dos adversários políticos, mas de categorias inteiras de cidadãos que, por qualquer razão, ficam não integráveis no sistema político. Desde então, a criação voluntária de um estado de emergência permanente (embora eventualmente não declarado no sentido técnico) se tornou uma das práticas essenciais dos Estados contemporâneos, mesmo aqueles assim chamados democráticos. (Agamben, 2003, p.25)

Agamben retomava, aqui, uma das teses centrais de seu *Homo sacer. O poder Soberano e a Vida Nua* (1998), na qual defendia a tese polêmica de que cada vez mais o estado de exceção havia se feito regra, tanto em função da multiplicação dos casos históricos de sua instituição como pelo fato de sua duração temporal. Em outras palavras, para Agamben, cada vez mais se faz tênue a fronteira de demarcação entre vida qualificada e vida nua, exposta à morte.

Ainda de acordo com Agamben, a decisão política a partir da qual se cliva a vida humana entre *zoé* e *bíos*, entre vida nua e vida qualificada, deveria ser entendida como um processo de politização da vida definido em termos da inclusão exclusiva da vida na atividade política, procedimento que se deixaria observar tanto nas sociedades democrático-liberais como nos regimes totalitários.

Em ambos os casos, Agamben considera que a biopolítica soberana, seja ela de caráter liberal ou ditatorial, sempre produzirá a vida nua, a vida que só cai na esfera da política na medida em que pode ser eliminada sem que com isso se cometa um crime ou um sacrifício. Segundo o autor, a estrutura da política ocidental está baseada na decisão fundamental que opera a distinção entre vida qualificada e politicamente protegida, a *bíos* do cidadão, e a vida nua e descartável, a *zoé* do *homo sacer*. A política se definiria como politização da vida humana ao submetê-la ao processo de sua "exclusão inclusiva" com relação ao marco jurídico soberano, procedimento pelo qual se produzem as figuras políticas correlativas do soberano e do *homo sacer*. Assim, Agamben compreende o caráter biopolítico da política ocidental a partir da análise dos vínculos necessários entre os conceitos de vida nua, poder soberano, estado de exceção e campo de concentração, os quais encontrariam na modernidade sua máxima saturação (Duarte, 2010, p. 273-303).

Para Agamben, a instituição do soberano não se deixa compreender sem a simultânea produção das vidas nuas e expostas à captura e à morte nos arredores de todo marco legal, mas legalmente autorizadas pelo estado de exceção, que suspende o direito e suas garantias. Assim, ao centrar sua reflexão política na figura ambígua do soberano – o qual se situa simultaneamente dentro e fora do ordenamento jurídico, posto que só ele pode declarar o estado de exceção em que a lei suprime a lei, instaurando-se a indiferença entre direito e violência –, Agamben chega à caracterização da figura do *homo sacer*, o protótipo da vida nua à qual qualquer um pode matar. Dessa maneira, enquanto houver um soberano, sempre haverá vidas expostas e abandonadas à morte.

Desse modo, Agamben considera que a clara contraposição foucaultiana entre biopolítica e poder soberano lhe impediria compreender a especificidade da articulação metafísica entre vida humana e política ao longo da história ocidental desde a Antiguidade. Se Foucault nos esclareceu muitos aspectos da biopolítica moderna, por outro lado, seu conceito seria incapaz de compreender o nexo constitutivo que une a violência estatal soberana à vida nua do *homo sacer*.

Além disso, para Agamben, na modernidade política e vida nua se entrelaçaram até o ponto em que se tornaram fenômenos correlacionados: a vida e seus fenômenos vitais se politizaram, ao passo que a política se concentrou exatamente sobre a vida e seus próprios fenômenos (a sexualidade, a necessidade, etc.). Por isso, Agamben observou uma linha de continuidade entre as sociedades liberais democráticas e o totalitarismo. Para o autor italiano, o debate político de nosso tempo se converteu na discussão sobre "que forma de organização seria mais eficaz para assegurar o cuidado, o controle e o desfrute da vida nua", promovendo-se, dessa maneira, a caducidade das "distinções políticas tradicionais (como as de direita e esquerda, liberalismo e totalitarismo, público e privado)" (Agamben, 1998, p. 155).

Certamente, Agamben não tenta reduzir de maneira taxativa a democracia ao totalitarismo, como às vezes o acusam, mas trazer à luz a convergência até agora secreta entre ambos os regimes sob o paradigma biopolítico. Não se trata de "desvalorizar as conquistas e os esforços da democracia", mas sim tomar consciência de que justamente

> no momento mesmo em que parecia haver vencido definitivamente seus adversários e ter chegado ao seu apogeu, (a democracia) revelou-se, de forma inesperada, incapaz de salvar de uma ruína sem precedentes essa *zoé* a cuja libertação e a cuja felicidade havia dedicado todos seus esforços. (Agamben, 1998, p. 20)

Desde o ponto de vista de Esposito, por outro lado, o conceito foucaultiano de biopolítica seria incapaz de solucionar uma crucial ambiguidade em relação à determinação de seus efeitos sobre a vida humana na modernidade, oscilando entre duas linhas de raciocínio incongruentes entre si. De um lado, encontra-se o raciocínio que associa a biopolítica a um conjunto de políticas estatais *sobre a vida*, visando administrá-la e torná-la mais produtiva e saudável, produzindo-se, então, um processo de subjetivação que também comporta um conjunto de resistências, entendidas em termos de uma política *da* vida. De outro lado, entretanto, Foucault também associa a biopolítica aos terríveis efeitos da produção da morte em massa, de modo que o processo de subjetivação da vida da população seria indiscernível dos genocídios estatais promovidos ao longo da história moderna até o presente.

O problema, segundo Esposito, é que jamais ficaria claro em seu pensamento se entre biopolítica e tanatopolítica isto é, entre a administração da vida tentando torná-la mais forte ou sã e as práticas estatais genocidas, haveria uma relação de continuidade ou descontinuidade. Para Esposito, no pensamento de Foucault

> ou a biopolítica produz subjetividade, ou produz morte. Ou torna sujeito seu próprio objeto, ou o objetiva definitivamente. Ou é política da vida, ou sobre a vida. Mais uma vez, a categoria de biopolítica se encerra sobre si mesma sem nos revelar o conteúdo de seu enigma. (Esposito, 2006, p. 53)

O conceito foucaultiano de biopolítica oscilaria entre os vetores da subjetivação-resistência e o da morte como condição da vida, sem jamais chegar a se definir completamente por um deles, e sem jamais determinar claramente qual seria seu ponto de interseção. Se entre biopolítica e poder soberano de matar há descontinuidade, então a biopolítica deveria ser pensada como um processo de subjetivação no qual os sujeitos submetidos são, de alguma forma, condescendentes e se encontram, inclusive, envolvidos nesse processo de sujeição, o qual se distinguiria da violência estatal soberana e, portanto, da tanatopolítica. Historicamente, esse vetor estaria se alargando cada vez mais desde o pastorado cristão à razão de Estado e, para além desta, ao liberalismo e ao neoliberalismo contemporâneo, entendidos como regimes políticos não caracterizados pelo emprego ostensivo da violência. Por outro lado, se entre biopolítica e poder soberano de matar há solução de continuidade, então as violências estatais cujo ápice se encontra nos totalitarismos nazista e estalinista determinariam uma conexão necessária entre biopolítica e tanatopolítica, de modo que a morte de alguns deveria ser pensada como primeira e necessária condição da vida de outros. Em síntese, argumenta Esposito, se Foucault houvesse optado por desenvolver a hipótese da continuidade entre biopolítica, poder soberano, totalitarismo e tanatopolítica, então

> ele se veria obrigado a fazer do genocídio o paradigma constitutivo de toda a parábola da modernidade, ou ao menos seu resultado inevitável, o que contradiria o sentido, sempre em tensão, que ele atribui às distinções históricas. (Esposito, 2006, p. 71)

Por outro lado, se Foucault tivesse assumido a hipótese da descontinuidade entre biopolítica, tanatopolítica e poder soberano, então "sua concepção de biopoder ficaria invalidada a cada vez que o raio da morte se projeta dentro do círculo da vida, não só na primeira metade do século XX, mas também depois" (Esposito, 2006, p. 71). De acordo com Esposito, o pensamento de Foucault se sentiria atraído por esses dois vetores distintos, o da subjetivação e o da produção em massa da morte, sem jamais chegar a optar de maneira clara por um deles, produzindo-se, assim, oscilações em seus raciocínios.

Embora por meio de argumentos teóricos distintos, volta a aparecer o mesmo problema apontado antes por Agamben em relação à determinação das relações entre violência soberana estatal e biopolítica: afinal de contas, entre tais fenômenos haveria soluções históricas de continuidade ou de descontinuidade?

Enquanto Agamben estabelece uma clara solução de continuidade entre biopolítica e tanatopolítica, Esposito parece estabelecer uma oposição entre biopolítica "ou" totalitarismo, mas não é essa a questão que aqui nos concerne. O problema é que Foucault, segundo o parecer de ambos os autores italianos, não teria sido capaz de solucionar o referido paradoxo. Por um lado, em *Naissance de la biopolitique* (2004), Foucault parece estabelecer correlações entre biopolítica e neoliberalismo, entendendo esse último como um sistema de produção de subjetividades por meio de mecanismos de mercado, que induzem sutilmente os próprios sujeitos a cuidarem de si mesmos e de suas vidas, de maneira que se tornem competitivos e rentáveis, responsáveis por seu próprio sucesso ou fracasso vital. Como diz Esposito, sob esse olhar, Foucault parecia indicar uma faceta positiva à biopolítica, contrapondo-a à

> atitude de imposição característica do regime soberano. Ao contrário deste, ela não limita nem violenta a vida, mas a expande de maneira proporcional a seu próprio desenvolvimento. (...) Para se potencializar, o poder está obrigado a potencializar, simultaneamente, o objeto sobre o qual se aplica; e não só isso, mas inclusive (...) torná-lo sujeito de sua própria submissão. (Esposito, 2006, p. 62)

De outra parte, entretanto, Foucault também pensa criticamente sobre as políticas raciais promovidas pelos Estados, que fizeram e ainda hoje produzem genocídios, com o intuito de melhorar a vida de suas populações. Dessa maneira, também se abre em seu pensamento a greta pela qual a biopolítica e a tanatopolítica descem juntas ao inferno, instaurando-se o "trágico paradoxo de uma morte necessária para conservar a vida, de uma vida que se nutre da morte alheia e, por último, como no caso do nazismo, também da própria" (Esposito, 2006, p. 65). A conclusão a que chega Esposito é taxativa: Foucault não poderia responder às perguntas sobre as relações entre biopolítica e poder soberano porque, em seu pensamento, "totalitarismo e modernidade são, simultaneamente, contínuos e descontínuos, inassimiláveis e incindíveis" (Esposito, 2006, p. 70).

Foucault e a governamentalidade: a ligação entre biopolítica e soberania

Embora a reflexão de Foucault sobre a biopolítica de fato não tenha sido desenvolvida suficientemente, parece-me que o filósofo francês não esteve alheio à consideração de alguns dos principais problemas teóricos apontados por Agamben e Esposito.

Primeiramente, penso que o conceito de biopolítica deveria ser entendido em sua plasticidade própria, isto é, não como conceito claro e bem definido, mas como o conceito de um amplo dispositivo histórico-político, que abarcaria distintos modos de governação da vida, seja por meio de políticas estatais, violentas ou não, seja por meio de induções comportamentais promovidas pelo mercado neoliberal de competição. Contrariamente a Esposito, penso que, em vez de gerar ambiguidades, incongruências ou oscilações nas reflexões de Foucault, seu conceito amplo e plástico de biopolítica, entendido como paradigma geral de descrição das relações entre poderes e vida na modernidade, assumiria uma importante validade heurística, uma vez que nos permitiria compreender a natureza multiforme da governação da vida no mundo contemporâneo. Tal interpretação do conceito foucaultiano, ao se opor à hipótese metafísica de Agamben, também nos permitiria compreender tanto as relações de continuidade como as relações de descontinuidade entre biopolítica e exercício da soberania enquanto poder estatal de assassinar, como veremos a seguir.

Tal hipótese de interpretação, por sua vez, requer que atentemos para as análises de Foucault em relação ao Estado, assunto ao qual não se concedeu a necessária atenção, salvo importantes exceções (Lemke, 2006). A fim de superar a falsa ideia de que faltaria a Foucault uma consideração mais atenta em relação ao Estado, como inclusive alguns de seus colegas mais próximos costumavam afirmar (Lebrun, 1983), é necessário discutir, embora apenas rapidamente, seu conceito de "governamentalidade".

Como indiquei em outra oportunidade (Duarte, 2010, p. 235-273), parece-me que foi por meio do conceito de governamentalidade, introduzido na aula de 1º de fevereiro de 1977 do curso *Sécurité, territoire, population*, que Foucault conseguiu conquistar uma terminologia adequada para compreender o "como" do exercício da biopolítica em suas distintas articulações com o Estado; ao mesmo tempo, tal conceito também lhe permitiu recusar o conceito de Estado como entidade universal, atemporal e essencial a toda discussão política.

De fato, a hipótese que gostaria de considerar aqui é a de que a formulação do conceito de "governamentalidade" responde, dentre outros motivos, à tentativa de sanar certas dificuldades teóricas originadas por sua descoberta do fenômeno da biopolítica, sobretudo, sua relação com o Estado e as novas funções que tal instituição assumiu em sua reflexão, visto que o Estado era agora entendido por Foucault como centro difusor e organizador de relações de poder sobre a vida da população.

Em outros termos, acredito que com a noção de "governamentalidade" Foucault conquistou uma terminologia mais adequada à sua consideração genealógica do papel do Estado e das mutações operadas no exercício de seu poder soberano a partir da colocação em prática da biopolítica. Com tal neologismo, Foucault pôde simultaneamente sustentar seu rechaço anterior às noções tradicionais do Estado e de seu poder soberano e, ao mesmo tempo, analisar "a atividade que consiste em conduzir a conduta dos homens em um contexto e por meio de instrumentos estatais" (Foucault, 1994, p. 819).

Em síntese, a noção de governamentalidade permitiu a Foucault esboçar uma análise genealógica do Estado moderno, contornando-o, a fim de compreender o eixo de forças e poderes que ali se concentraram e, ao mesmo tempo, afirmar criticamente que

> o Estado, tanto atualmente quanto, sem dúvida, ao longo de sua história, jamais teve essa unidade, essa individualidade, essa funcionalidade rigorosa, e eu inclusive acrescentaria essa importância; no final das contas, o Estado talvez não seja mais que uma realidade composta, uma abstração mitificada, cuja importância é bastante mais reduzida do que se pensa. (Foucault, 2004, p. 112)

Embora o conceito de governamentalidade pouco a pouco substitua o conceito de biopolítica, sem, todavia, invalidá-lo, também é verdadeiro que biopolítica e governamentalidade não são conceitos opostos ou excludentes entre si. Assim, apesar de Foucault não afirmá-lo expressamente, acredito que podemos falar de governamentalidade biopolítica de caráter liberal ou neoliberal, assunto abordado nos cursos *Sécurité, territoire, population* (2004a) e *Naissance de la Biopolitique* (2004b), da mesma maneira como estaríamos justificados a falar de governamentalidade de matiz totalitária, tema discutido rapidamente por Foucault no primeiro volume de *História da Sexualidade* (1999) e no curso *Em defesa da sociedade* (2000). Tampouco é casual que, em 1977, Foucault (1994, p. 134) tenha analisado as formas contemporâneas do fascismo que enreda nossas vidas cotidianas no mundo pós-totalitário, no prefácio à edição norte-americana d'*O Anti-Édipo*, de Deleuze e Guattari.

No referido curso do Collège de France de 1977-1978, Foucault define a governamentalidade em sentido amplo como

> conjunto constituído por instituições, procedimentos, análises e reflexões, os cálculos e as táticas que permitem exercer essa forma muito específica, embora bastante complexa de poder, que tem como principal alvo a população, como forma mais importante de saber a economia política, e como instrumento técnico essencial os dispositivos de segurança. (Foucault, 2004, p. 111-112)

Pois bem, considerando-se o sentido amplo do conceito de governamentalidade, o qual diz respeito especificamente a distintas formas de exercício de poder sobre a vida das populações por meio de distintos mecanismos e dispositivos sociais e históricos, penso também que tal noção permitiu a Foucault esclarecer o sentido do enlace e da simultaneidade histórica entre diferentes formas de atuação dos poderes estatais e paraestatais sobre a vida dos indivíduos e das populações na modernidade. Em uma palavra, a noção ampla de governamentalidade havia lhe permitido conceder um novo sentido à noção de poder soberano estatal e, simultaneamente, recusar a ideia de uma simples "substituição de uma sociedade de soberania por uma sociedade disciplinar e dessa por uma sociedade de governo. De fato, o que temos é um triângulo: soberania, disciplina e gestão governamental" (Foucault, 2004, p. 111), termo que substitui aqui a noção de biopolítica, sem, entretanto, anulá-la.

Dessa maneira, o que Foucault agora observava na modernidade, oferecendo-nos uma interessante correção de certas teses de *Vigiar e punir*, nas quais o autor contrapunha as disciplinas ao poder soberano do Estado, é a configuração triangular e simultânea entre diferentes tecnologias de poder. Em uma palavra, a instituição do biopoder em suas dimensões disciplinares e biológicas não irá simplesmente substituir ou aniquilar o poder estatal soberano de assassinar. Entretanto, e se isso é assim, poder-se-á compreender que a biopolítica, enquanto paradigma do exercício do poder estatal sobre a vida da população, também pode assumir facetas distintas e contrapostas entre si, embora por vezes complementares.

Foucault nos ensina que a biopolítica como garantia e incentivo à vida de alguns pode, por vezes, estar associada à produção da morte de outros, sem que tal vínculo seja necessário, preservando-se, dessa maneira, certo grau de independência entre biopolítica e tanatopolítica. Se é certo que a biopolítica pode comportar a disseminação de efeitos letais a certas parcelas da população, não é certo que biopolítica e tanatopolítica sempre apareçam articuladas entre si.

Finalmente, se compreendemos a biopolítica como um dispositivo ou paradigma de amplo alcance histórico e de longo espectro político, ou seja, se a entendemos como designação conceitual de distintas formas de governação da vida da população, então teremos de pensar tal dispositivo como comportando uma miríade de tecnologias de poder distintas, desde aquelas que implicam o uso massivo da violência estatal até aquelas que, por outro lado, assumem um caráter indutor em sua maneira de produzir novas sujeições e novos sujeitos.

A partir de tais considerações críticas, pode-se compreender que não há contradição ou ambiguidade no pensamento de Foucault em relação à análise das relações de continuidade e de descontinuidade entre biopolítica e poder soberano de assassinar. Se é certo que a tanatopolítica condensa em si "o reverso da biopolítica", Foucault também estava ciente de que "se a população é sempre a instância pela qual o Estado vela em seu próprio interesse, fica claro que o Estado pode massacrá-la em caso de necessidade" (Foucault, 1994, p. 826). Desde o meu ponto de vista, portanto, as críticas propostas por Agamben e Esposito, embora interessantes e estimulantes, não se justificam plenamente.

Contrariamente a Agamben, acredito que Foucault nos ofereceu importantes elementos conceituais para pensar as derivas totalitárias do conceito de biopolítica, pois não desvinculou totalmente o poder sobre a vida do poder soberano que pode lhe assassinar, embora não os tenha relacionado de maneira necessária e metafísica ao longo da história ocidental. Contrariamente a Esposito, acredito que o pensamento de Foucault não ficou atolado entre o vetor biopolítico do incentivo à vida e o vetor tanatopolítico destinado à destruí-la, posto que ambos não são excludentes ou opostos, por vezes se articulando, por vezes se desvinculando entre si mesmos.

Por um lado, nem toda forma de governo biopolítico depende do recurso à violência estatal soberana; por outro lado, Foucault também considerou que o incentivo e a proteção concedidos à vida de alguns pode perfeitamente depender do extermínio calculado da vida dos outros.

Referências bibliográficas

AGAMBEN, G. *Homo* sacer. *El poder soberano y la nuda vida*. Valencia: Pre-Textos, 1998.

_____. *Estado de Excepción*. Buenos Aires: Adriana Hidalgo Editora, 2003.

DUARTE, A. *Vidas em Risco: crítica do presente em Heidegger, Arendt e Foucault*. Rio de Janeiro: GEN/Forense Universitária, 2010.

ESPOSITO, R. *Bíos. Biopolítica y filosofía*. Buenos Aires e Madrid: Amorrortu Editores, 2006.

FOUCAULT, M. *História da sexualidade I. A Vontade de Saber*. Rio de Janeiro: Graal, 1999.

_____. *Securité, Territoire, Population*. Paris: Gallimard/Seuil, 2004a.

_____. *Naissance de la biopolitique*. Paris: Gallimard/Seuil, 2004b.

_____. *Dits et Écrits*, III. Paris: Gallimard, 1994.

_____. *Em defesa da sociedade*. São Paulo: Martins Fontes, 2000.

LEBRUN, G. *O microscópio de Michel Foucault*. São Paulo: Brasiliense, 1983.

LEMKE, T. "'Marx sin comillas': Foucault, la gubernamentalidad y la crítica del neoliberalismo." In: LEMKE, T. et. all. *Marx y Foucault*. Buenos Aires: Ediciones Nueva Visión SAIC, 2006.

MILITÂNCIA E LUTA PELA VIDA EM TEMPOS DE BIOPODER

Guilherme Castelo Branco

O campo mais importante de análise filosófica, na fase ético-estética de Foucault, situa ética, estética e política numa rede complexa e indissociável que deve ser descrita e analisada com o máximo rigor metodológico. É no espaço da vida política, a partir de suas questões mais determinantes, que está localizado o maior desafio intelectual de Foucault e a própria razão de ser de seu trabalho filosófico na maturidade. A passagem a seguir é absolutamente marcante:

> Penso que, desde o século XVIII, o grande problema da filosofia e do pensamento crítico sempre foi, ainda é, e creio que continuará a ser o de responder à questão: o que é esta razão que nós utilizamos? Quais são seus efeitos históricos? Quais são seus limites e quais são seus perigos? (Foucault, 1994, v. IV, p. 279)

Uma suspeita motivava o trabalho teórico de Foucault durante os anos de 1980, e centrava-se nos caminhos tomados pela razão no Ocidente, assim como em seus efeitos paradoxais na vida das sociedades. Para o pensador, a história da razão, nos últimos três séculos, mostra o crescente avanço de diversas tecnologias de poder, constitui-se de diversas e sucessivas técnicas de controle da subjetividade e das populações, o que faz dessa racionalidade, no campo político, uma estranha e questionável conquista no campo histórico-social e político. Para Foucault, tal problema não é somente teórico, mas também afeta a prática cotidiana de cada um de nós, exigindo alguma atitude efetiva por parte de cada membro que participe do tempo presente. Todos nós vivemos em tempos nos quais os mais espantosos excessos de poder político, que estão acompanhados de genocídios e extermínios sem fim, justamente no século XX, estão postos diante de nós de modo irreversível e sem retoque. Foucault cita, como exemplo, o fascismo e o stalinismo como sendo patologias do poder, por meio das quais crimes terríveis foram cometidos, mas alerta, com muita pertinência, que "o fascismo e o stalinismo utilizaram e ampliaram mecanismos já presentes na maioria das sociedades. Não somente isto, mas utilizaram, malgrado sua loucura interna, as idéias e os procedimentos de nossa racionalidade política" (Foucault, 1994, v. IV, p. 224). A questão vem da articulação dos conhecimentos técnicos e científicos com as mais diversas modalidades de extermínio e genocídio, em escalas e dimensões distintas, em práticas que vão da guerra ao descaso com os não cobertos pela seguridade social, de maneira a que tal articulação se passe nos mais diversos campos de intervenção social, tais como os campos jurídicos, médicos e militares – pouco importa, desde que funcione algum modo de controle, de exclusão e de eliminação

Para Foucault, a racionalidade política, há muito tempo, ultrapassou os limites do razoável. Não é à toa que para o filósofo francês, portanto, desde Kant e sua Crítica, o papel da filosofia foi e é o de impedir a razão de ir além de seus limites. A burocracia e os campos de concentração, com todo o seu aparato técnico-científico, com todas as competências funcionais a seu serviço, são a prova cabal desse excesso da racionalidade em nossa época. Sua questão, portanto, não é de ordem moral, por meio da refutação do uso da racionalidade em nome de valores humanos, nem é a de procurar ter êxito na contestação do poder da razão, em nome de um campo extrarracional. Sobretudo, sua questão não se faz pela crítica à totalidade social, à racionalidade que presidiria ao mundo sociopolítico considerado como um todo; mais especificamente, sua crítica possibilita que vejamos como, a partir da análise histórica de diversos campos menores, aparentemente menos importantes da vida social, tornamo-nos prisioneiros de uma série de pequenos fascismos.

Segundo Foucault, para demonstrar como ocorreram e ocorrem tais excessos técnico-científico-políticos, o melhor caminho é partir de experiências sociais e particulares, ainda assim absolutamente significativas e que desvelam como se exercem as práticas de dominação em curso em nossas sociedades, para chegar a análises de situações do presente histórico mais próximas do mundo efetivo das relações de poder:

> Sem dúvida, é mais sensato não considerar a racionalização da sociedade ou da cultura, mas acima de tudo analisar o processo em diversos domínios, em

que cada qual remete a uma experiência fundamental: a loucura, a doença, a morte, o crime, a sexualidade, etc. (Foucault, 1994, v. IV, p. 225)

Desse modo, trata-se de mostrar como um determinado aspecto da vida social tem o poder de desvelar as modalidades de funcionamento político mais globais da sociedade, o que põe no centro da cena o presente histórico, as relações possíveis entre a teoria e a prática, as lutas de resistência às práticas hegemônicas. A grande questão política não é grandiosa e imponente, pois a vida política acontece nas diversas técnicas de poder e na dinâmica sempre viva das relações de poder, com suas estratégias em constante transformação. São nos pequenos acontecimentos, nos focos menores e mais problemáticos das tecnologias de poder, que estão abertas as chaves para a análise dos excessos de poder na modernidade. Os campos que permitem a superação das dependências políticas específicas, e que exigem uma militância específica, são definidos por Foucault de uma maneira absolutamente transparente e coerente com todo o seu ideal de pensamento e ação, situando-se no vasto e sempre divisível universo da micropolítica.

Talvez o maior ensinamento que o filósofo procura trazer aos jovens (e velhos) militantes é o de que a participação política não é e nem pode ser um campo de ação subordinado a um conjunto de regras e determinações ditadas pelos comitês dos movimentos políticos e pelos seus líderes. Se fosse assim, a militância política de base, grosso modo, seria apenas uma modalidade de obediência cega às determinações ditadas acima e independentemente dos ativistas. Na contramão dessa forma de ação política centralizadora e hierarquizada, Foucault defende que existem lutas de resistência ao poder autônomas e centradas em questões que tocam na sensibilidade e na vida de pessoas, profissionais e técnicos envolvidos diretamente numa certa prática cotidiana. Assim, médicos, psicólogos, filósofos, membros dos laboratórios de pesquisa, advogados, psiquiatras, camponeses, usuários, agentes penitenciários, policiais, juízes, promotores, farmacêuticos, terapeutas ocupacionais, professores, técnicos educacionais, fiscais de renda, policiais, jogadores de futebol, etc., são possíveis e reais contestadores do poder que se dá em seu cotidiano, nos focos mesmos dos exercícios dessas relações de poder, no qual se exercem relações de poder específicas, e, além do mais, que envolvem o sangue real da sensibilidade e do corpo dos envolvidos nas suas respectivas práticas e relações de poder.

Maio de 68, para Foucault, é o foco irradiador de uma nova percepção e de uma nova problematização da política, que no momento de sua eclosão tinha aspectos totalmente paradoxais:

> Parece-me que poderia se reconhecer aí elementos absolutamente contraditórios: por um lado, um esforço posto de forma vasta em levantar para a política toda uma série de questões que não decorriam tradicionalmente de seu domínio estatutário (a questão das mulheres, das relações entre os sexos, da medicina, da doença mental, do meio ambiente, das minorias, da delinqüência); [...] De maneira que nos encontramos diante de interrogações dirigidas à política sem que elas sejam nascidas de uma doutrina política. Deste ponto de vista, uma tal liberação da questão parece que jogou, a meu ver, um papel positivo: pluralidade das questões postas à política, e não apenas uma reinscrição do questionamento do quadro de uma doutrina política. (Foucault, 1994, v. IV, p. 595)

O lado militante e partidário das resistências ao poder, de Michel Foucault, aparece a todo momento, como, por exemplo, no GIP (sobre as prisões), no apoio às lutas de minoria, nas lutas em favor do direito ao aborto, nas lutas em prol da ecologia, nas lutas dos povos do Terceiro Mundo (em especial no caso da revolução iraniana, que o filósofo francês acompanhou de perto, tendo escrito uma série de artigos jornalísticos sobre o assunto *in loco*). Por tudo isso, pode-se falar, sem medo de errar, que Foucault acredita no potencial inventivo das lutas de libertação e nas estratégias transformadoras que emergem dos/nos acontecimentos cotidianos que compõem a história. Há, portanto, uma noção de participação política que não ocorre no contexto da vida partidária (e, por extensão, em desacordo com toda forma de militância aceita pelos meios jurídicos e respaldada pelos institutos oficiais).

A convicção política de Foucault quanto ao papel transformador das lutas específicas, parciais, fragmentadas, que visam à alteração de aspectos bem delimitados do mundo social, está na contramão de uma concepção fechada do devir histórico, de caráter determinista, na qual o papel das comunidades e das classes sociais está previamente definido. Apesar de Michel Foucault nunca ter negado a importância revolucionária da luta de classes, em especial na última fase de seu pensamento, jamais aceitou a tese de que apenas a luta de classes seria vetor privilegiado nas lutas políticas pela transformação social. Do mesmo modo, Foucault desconfia profundamente dos projetos totalizantes e das promessas revolucionárias de realização de novos mundos sociais apresentados no decorrer do século XX, que levaram a regimes políticos do tipo fascista e stalinista, pelo fato de que a promessa de um homem novo, trazida por tais experiências políticas, acabou gerando formas contundentes de controle social, por meio das quais se desenvolveram de maneira significativa as técnicas de dominação da vida subjetiva, assim como práticas de extermínio nunca vistas, em tamanho e investimento técnico, científico e ideológico.

Segundo o pensador francês, na sociedade ocidental, a partir do século XVIII, na qual o "poder político se deu por função gerenciar a vida" (Foucault, 1976, p. 182), dois polos de controle vieram a se constituir. O primeiro, disciplinar, fez do corpo humano algo como uma máquina otimizável, passando a integrá-lo aos demais sistemas de controle de caráter, sobretudo político e econômico. O segundo polo centrou-se no corpo-espécie, isto é, no corpo que pode suportar intervenções e regularizações, mecanismo de intervenção que Foucault denominou de "biopolítica da população" (Foucault, 1976, p. 183).

Na modernidade, instaura-se a era do biopoder, na qual se estuda e se controla, dentre outras coisas, "a natalidade, longevidade, saúde pública, habitação, migração" (Foucault, 1976, p. 184) de uma região ou de um país, do mesmo modo como se desenvolvem técnicas "para se obter o assujeitamento dos corpos e o controle das populações" (Foucault, 1976, p. 184). Sem dúvida, o biopoder tornou-se uma das ferramentas mais úteis posta à disposição ao avanço do capitalismo, realizando a "inserção controlada dos corpos no aparelho de produção e estabelecendo um ajuste dos fenômenos populacionais aos processos econômicos" (Foucault, 1976, p. 185). As instituições e técnicas de poder sobre a vida, portanto, estão presentes em todos os níveis do corpo social, e desempenham papel chave no funcionamento do capitalismo no Ocidente há muito tempo.

Foucault faz uma observação bastante pertinente sobre o mundo ocidental (ocidental no modo de falar francês, indica sobretudo os países ditos ricos da Europa e os EUA), que, no seu entender, é um bloco que vive de acordo com uma biopolítica que "faz com que a vida e seus mecanismos entrem no domínio dos cálculos explícitos e faz do saber-poder um agente de transformação da vida humana" (Foucault, 1976, p. 188). Como resultado, chegou-se bem próximo a uma população adequada aos padrões de consumo desejáveis e controlados pelas instituições sociais e por iniciativas políticas. Como resultado, os perigos da fome, das endemias e da pobreza estão, em tese, bastante afastados do 'mundo desenvolvido'. Em compensação, Foucault afirma categoricamente que "fora do mundo ocidental, a fome existe, em uma escala maior do que nunca; e os riscos biológicos vividos pela espécie são talvez maiores, mais sérios – quem sabe? – do que antes do nascimento da microbiologia" (Foucault, 1976, p. 188). O quadro descrito por Foucault, nessa passagem de *História da Sexualidade I*, não é nada otimista, e nos alerta que o mundo está rachado entre o que o europeu tradicionalmente entende como Ocidente (civilização) e resto do mundo (barbárie). Os países pobres ou não ocidentais, de acordo com o quadro desenhado pela análise de Foucault, são vistos como perigosos ao mundo civilizado, pois o cercam de ameaças que conseguiram superar, mas com ameaças que os estão sempre rondando. Que atitude poderíamos esperar por parte dos países ricos diante dos países pobres?

Voltemos, mais uma vez, às análises de Foucault sobre o que ocorreu nos países ocidentais a partir da utilização crescente da biopolítica e do uso dos dispositivos de biopoder. De acordo com o filósofo francês, o sangue, as alianças baseadas no sangue, no valor simbólico de castas ou estamentos, foi substituído, no decorrer dos últimos duzentos anos, pelo sexo, pelas normas e regras de vida, pelas regularizações e disciplinas. Mas é o próprio Foucault quem alerta para o fato de que o simbolismo do sangue não foi pura e simplesmente substituído pela analítica da sexualidade. Em muitos casos (rebatimentos, interações ou ecos), a temática do sangue acabou por comparecer sub-repticiamente no exercício do poder político quando se supunha que estava ou está se exercendo apenas nos dispositivos do sexo. É nesse caso, para Foucault, que o racismo se revela em sua mais moderna versão, sob uma capa de política estatal, numa forma de preocupação apenas aparentemente biológica e/ou médica. Um conjunto de intervenções se faz sentir, numa ordem de complexidade crescente, para o cuidado racial (biológico) da população:

> Toda uma política de povoamento, da família, do casamento, da educação, da hierarquização social, da propriedade, e uma longa série de intervenções permanentes ao nível do corpo, das condutas, da saúde, da vida cotidiana receberam então sua coloração e sua justificativa do cuidado mítico de proteger a pureza do sangue e de fazer triunfar a raça. (Foucault, 1976, p. 197)

A forma contemporânea de racismo mobiliza diversos micropoderes, instituições e políticas estatais, que ativam saberes e capacidades técnicas a serviço da "exaltação onírica do sangue superior" (Foucault, 1976, p. 197). A união de racismo cínico com a eufórica perspectiva de purificar o sangue e proteger o povo, assim, é um dos elementos mais característicos do mundo contemporâneo. Caracteriza, ademais, modos de pensar e agir que propiciam o genocídio sistemático dos outros, dos indesejáveis, e torna possível até mesmo o sacrifício total do próprio povo em nome da defesa de uma identidade política, cultural e/ou étnica. O nazismo, segundo Foucault, realizou uma combinação dos fantasmas do sangue com usos explícitos e exagerados de poder disciplinar, o que acabou por tornar seu racismo tão terrível quanto ingênuo. Se o nazismo realizou o mais terrível massacre de que os homens se lembram na atualidade, os crimes racistas praticados em massa no último século são disseminados e amplamente espalhados por todos os blocos políticos e por todos os países do mundo, na maioria dos casos feitos segundo uma administração calculada das mortes com o controle dos meios de divulgação de seus resultados. Na prática, a razão científica e os saberes técnicos ligam-se a dispositivos de controle social, para, juntos, levarem a cabo o exercício racional do assassinato em massa. Pensando nesses termos, ainda está para se fazer uma análise mais detalhada dos vínculos do logocentrismo com o racismo.

Seria o caso, também, de perguntar se as guerras não teriam tão somente componentes políticos, ideológicos ou econômicos, mas se, pelo contrário, elas obedeceriam, sobretudo a um critério e a um agir racistas que visam à eliminação dos indesejáveis escolhidos segundo padrões montados por toda uma racionalidade biopolítica. Por outro lado, poder-se-ia pensar que desde a emergência do Estado moderno surgiu uma pseudojustificativa oficial para a administração controlada da raça e da população: os outros elimináveis não possuiriam as boas qualidades desejáveis a um corpo social normal ou ideal. O outro indesejável, anormal, estranho, logo passível de eliminação, seria aquele que possui alguma falha, seria aquele que não possui os atributos plenos do ser humano normal e civilizado, este sim merecedor da manutenção na existência racial, eugênica e comportamental, uma vez que possui um modo de vida adequado aos princípios das modernas técnicas de gestão da vida. As lutas de resistência, nesse contexto, são aquelas nas quais os indivíduos e suas próprias vidas estão envolvidos até o pescoço, e são realizadas com toda urgência.

Quando, na fase final de sua obra, Foucault dá importante lugar às relações de poder e às resistências ao poder, vislumbra que, dentre as lutas de resistência relevantes da atualidade, as lutas em torno da individuação são as "[...] que combatem tudo o que liga o indivíduo a ele mesmo. E que asseguram, deste modo, sua submissão aos outros (lutas contra o assujeitamento, contra as diversas formas de subjetividade e de submissão)" (Foucault, 1994, v. IV, p. 227). O que não significa dizer que as lutas contra o assujeitamento desmereçam as demais tradicionais formas de luta; mas que elas, na verdade, são as mais incisivas do tempo presente:

> [...] hoje, na atualidade, é a luta contra as formas de assujeitamento – contra a submissão de subjetividade – que prevalece cada vez mais, ainda mais porque as lutas contra a dominação e a exploração não desapareceram, bem pelo contrário. (Foucault, 1994, v. IV, p. 228)

Ao fim e ao cabo, nós também temos de recusar, se tivermos ainda capacidade de reação aos instrumentos e tecnologias do poder, o tipo de individualidade com a qual fomos forjados, e sermos capazes de inventar e criar novas formas de vida e novas relações conosco mesmos, e, nesse segundo caso, temos de ultrapassar constantemente os nossos limites subjetivos. Mas não se trata apenas do cuidado conosco mesmos e da elaboração de uma estética da existência.

As relações de poder e as técnicas de controle postas em prática nos tempos de biopolítica se fazem tanto sobre as populações como sobre os indivíduos, e as lutas políticas se fazem seja em escala macropolítica seja em escala micropolítica. Por esse motivo, a militância política não pode se restringir às suas formas tradicionais, ou seja, com reivindicações de caráter econômico, social e cultural. Hoje, a política, a militância política, é e pode ser feita com demandas e objetivos que são crescentemente de caráter biológico e vital. O valor maior que está em jogo nas lutas de resistência é a vida, com efeitos inegáveis nos modos de vida que vamos adotar enquanto seres livres e autônomos. Foucault, nesse particular, é incisivo:

> [...] contra o poder ainda novo [biopolítico] no século XIX, as forças que resistem tomaram apoio exatamente naquilo que este poder investe – isto é, na vida e no homem enquanto ser vivo [...]. É a vida, bem mais que o direito, que tornou-se então o assunto das lutas políticas, ainda que estas se formulem através de afirmações de direito. O "direito" à vida, ao corpo, à saúde, à felicidade, à satisfação das necessidades. (Foucault, 1976, p. 190-191)

No Terceiro Mundo, lembraria Foucault, a luta pela vida é a primeira bandeira a ser levantada, pois estamos na linha que os países ditos "ocidentais" demarcaram para determinar quem são os que devem viver e os que devem morrer. A questão da luta pela vida, entretanto, afeta a todos hoje, pois todos vivemos na dependência de grandes engrenagens burocráticas que determinam se temos ou não direito à assistência médica, licença-saúde, aposentadoria, uma pensão digna, de morrer com dignidade e até mesmo de ser enterrado. Por outro lado, temos de lutar para sermos considerados sãos e saudáveis, para que não sejamos tomados como loucos ou incapazes, para não sermos taxados de anormais.

A grande luta política, alerta Foucault (1976, p. 211), é a de antecipar e sonhar que um dia, distantes da era do biopoder, possamos viver "[...] numa outra economia dos corpos e dos prazeres."

Referências bibliográficas

CANDIOTTO, C. *Foucault e a crítica da verdade*. Belo Horizonte: Ed. Autêntica, 2010.

CASTELO BRANCO, G. "Atitude-limite e relações de poder: uma interpretação sobre o estatuto da liberdade em Michel Foucault". In: *Verve*, n°13, São Paulo: NU-SOL/PUC-SP.

_____. "Ontologia do presente, racismo, lutas de resistência". In: *Poder, normalização e violência* (Org. Izabel Friche Passos). Belo Horizonte: Ed. Autêntica, 2008.

_____. "Foucault". In: *Os Filósofos Clássicos da Filosofia*, v. III (org. Rossano Pecoraro). Rio de Janeiro: Ed. PUC-Rio - Ed. Vozes, 2009.

_____. "Anti-individualismo, vida artista: uma análise não fascista de Michel Foucault". In: *Para uma vida não fascista* (Orgs. Margareth Rago, Alfredo Veiga-Neto). Belo Horizonte: Ed. Autêntica, 2009.

_____. "Michel Foucault, a literatura, a arte de viver". In: *Os Filósofos e a Arte* (Org. Rafael Hoddock-Lobo). Rio de Janeiro: Ed. Rocco, 2010.

DUARTE, A. "Foucault e as novas figuras da biopolítica: o fascismo contemporâneo". In: *Para uma vida não fascista* (Orgs. Margareth Rago, Alfredo Veiga-Neto). Belo Horizonte: Ed. Autêntica, 2009.

_____. *Vidas em Risco*: *crítica do presente em Heidegger, Arendt e Foucault*. Rio de Janeiro: Forense Universitária, 2010.

FOUCAULT, M. *Surveiller et Punir. Naissance de la Prision.* Paris: Gallimard, 1975.

_____. *Histoire de la Sexualité I. La Volonté de Savoir.* Paris: Gallimard, 1976.

_____. *Dits et écrits.* 1954-1988. 4 v. (Orgs. D. Defert, F. Ewald e J. Lagrange). Paris: Gallimard, 1994.

_____. *Les anormaux.* Paris: Ed. du Seuil, 2001.

_____. *Le pouvoir psychiatrique.* Paris: Ed. du Seuil, 2003.

_____. *Naissance de la biopolitique.* Paris: Ed. du Seuil, 2004a.

_____. *Sécurité, territoire, population.* Paris: Ed. du Seuil, 2004b.

_____. *Genealogia del racismo.* La Plata: Altamira, 1996

VEIGA-NETO, A. "Coisas do governo..." In: *Imagens de Foucault e Deleuze. Ressonâncias nietzschianas* (Orgs. Margareth Rago, Luiz Orlandi, Alfredo Veiga-Neto). Rio de Janeiro: DP&A, 2002.

ROUSSEAU E SARTRE:
para uma política da liberdade comum

André Barata

Jean-Jacques Rousseau, o genebrino a que a modernidade europeia ficou a dever boa parte da sua vocação política para a mobilização geral, e Jean-Paul Sartre, que muitos acharam certo considerar como último dos modernos, por sua filosofia permanecer assente nas figuras do sujeito cartesiano e da História, são dois filósofos reconhecidamente marcantes no pensamento filosófico sobre a liberdade. Primeiro Rousseau, que se celebrizou como enunciador de uma liberdade *positiva*, para adjetivá-la à maneira de Isaiah Berlin, isto é, liberdade transformadora em vista da autorrealização dos indivíduos e das comunidades políticas, por meio da noção de uma *vontade geral* soberana, intérprete fidedigna do interesse comum da sociedade. Cerca de dois séculos depois, o pensador existencialista, no curso de uma filosofia que trouxe sempre a liberdade ontológica como pedra de toque, desenvolve, na fase mais madura do seu pensamento, a noção de *grupo em fusão* como uma fraternidade de liberdades.

Em ambos os posicionamentos filosóficos encontra-se uma ordem de existência pública que se autoconstitui, para lá e independentemente das individualidades dos sujeitos, na forma de uma vontade geral no caso de Rousseau, e que não é simplesmente uma soma de vontades individuais, ou na forma de uma ligação fraterna no caso de Sartre, e que também não é a articulação transparente e formalizável dos interesses de cada um. Assim, ainda que concebidas a partir de pontos de partida muito distintos, reconhece-se nas noções de *vontade geral* e *grupo de fusão* uma possível aproximação – que aqui enfatizamos – em torno de uma liberdade política comum, e da sua inalienabilidade de princípio. Essa aproximação é ainda reforçada pela convergência entre os meios pelos quais um e outro, Rousseau e Sartre, pensam tal liberdade comum. O pensamento rousseauniano da liberdade política, que faz da analogia psicológica uma fonte de conceitos políticos, como que encontra o seu negativo fotográfico no pensamento sartriano da liberdade da consciência, que a entende nas suas implicações relacionais a partir de uma apreensão de cariz essencialmente político. Em suma, defendemos que não se peca por simplismo se se disser que se passa de Rousseau a Sartre como se passa da psicologia como analogia de certa maneira de ver a política à política como analogia de uma certa maneira (fenomenológica) de ver a psicologia. Tais analogias podem falhar na medida em que as analogias em geral não cumprem uma sobreposição completa. Com efeito, não raro se aponta a Rousseau um psicologismo – a própria formulação do contrato social pode ser interpretada como não constituindo mais do que um exercício de autopersuasão ilusória de cada um consigo mesmo. E ao Sartre de *l'enfer c'est les autres* não raro se aponta uma perspectiva enviesada sobre as relações humanas, todas elas compreendidas a partir de um pressuposto de periculosidade que cada um traz ao outro. Esse padrão politizante encontra-se, aliás, amiúde na caracterização das relações interpessoais em *L´Être et le Néant*. Por exemplo, quando Sartre afirma que "o conflito é o sentido original do ser-para-outrem", ou ainda, ao argumentar – "Porque existo pela liberdade de outrem, não tenho qualquer segurança, estou em perigo nesta liberdade" (Sartre, 1943, p. 368).

Em face desse emparelhamento entre Rousseau, um clássico da instituição plena da Modernidade, e Sartre, um contemporâneo que de algum modo encerra essa Modernidade, o nosso objetivo é dar conta tanto da aproximação oportuna de duas concepções de uma mesma liberdade comum como da convergência em ambos os pensadores entre psicologia e política, e assim contribuir para abrir o caminho de uma retomada da interioridade ínsita na política. Tal perscrutação pode estar hoje no fulcro de uma reativação dos ideais de emancipação que em grande medida orientaram o projeto da Modernidade em que se reconheceram Rousseau e Sartre, mas que se encontram hoje ameaçados por uma dessubjetivação da política que foi muito além da arqueologia foucaultiana. Com efeito, no lugar de uma apreensão das formas pelas quais os processos de subjetivação e de dessubjetivação instalam relações de poder, hipostasiou-se uma condição dessubjetivada da política. Dessa hipóstase seguiu-se a deslocação da atenção dos pontos de opacidade que caracterizam a subjetividade para as formas distribuídas de poder que passaram a ser identificadas como dispositivos de controle, estando à cabeça deles a linguagem. Fez-se a crítica destes, impôs-se uma vigilância discursiva, com a teoria deslocada a um plano de segunda ordem, mais explicativo do que volitivo. Mas essa deslocação representa mais uma retirada do campo da ação política do que um aprofundamento reflexivo. Além de uma retirada, representa ainda uma anulação ou, pelo menos, uma repressão dos pontos de opacidade que definem, por contraste com a transparência pública, a interioridade concreta que define as relações políticas entre sujeitos humanos. Sartre chamou, muito claramente, a atenção para esse ponto na sua obra de 1960: *"les hommes sont liés entre eux par des relations d'intériorité"*. De outro modo, sem essa reativação política da interioridade dos sujeitos, em vista de uma convocação da vontade política ao primeiro plano da ação, perde-se o que a democracia tem por conteúdo genuíno, os democratas propriamente ditos. Uma democracia dessubjetivada tende a configurar-se como democracia sem democratas, até mesmo com aversão a estes, pelo que importam de opacidade a um sistema cujo *design* seria, desejavelmente, todo ele formalizado. E, ao mesmo tempo, dessa maneira entrega-se à força narrativa das políticas de austeridade, como uma rendição incondicional, o exclusivo da subjetividade política, assumida agora na forma de culpabilizações moralistas da sociedade em geral e dos protagonistas do seu inconformismo, muito em particular os democratas.

Em vista dessa reativação necessária da subjetividade política, comparamos as noções de vontade geral e de grupo em fusão a partir de um enfoque ontológico da liberdade no âmbito da ação política. Mas também damos conta do reenvio recíproco entre teorização psicológica e teorização política em ambos os autores. Não é importante fazer-se apenas essa circulação entre os pensamentos de Rousseau e Sartre. Defendemos ser também particularmente tempestivo ligá-la ao esforço de compreensão das dificuldades próprias à época em que vivemos, especialmente desde o novo século.

Como é sabido, Rousseau recusava qualquer forma de separação ou divisão da soberania, incluindo nesta recusa mesmo a possibilidade da representação política. Poder constituinte e poder constituído deviam permanecer em coincidência um com o outro. Dessa maneira, Rousseau projetava uma solução que, no seu esquema mais simples, é a das democracias diretas, com todos os limites inerentes que lhe foram sendo apontados num quadro de efetiva democracia de massas. Mas muito mais importante é reconhecer que o ponto nevrálgico da discussão feita por Rousseau esteve menos na sua desconfiança face à representação política do que na preservação do impulso democrático constituinte, defendendo a máxima proximidade possível entre o exercício da soberania e a fonte da soberania. A discussão sobre como articular um exercício da soberania em semelhante condição de proximidade, se não mesmo coincidência, entre os poderes constituinte e constituído, é sem dúvida uma discussão difícil à qual Rousseau não deu respostas suficientes, mas que se conserva pertinente precisamente dentro das preocupações originais de Rousseau: afirmar a liberdade individual, para afirmá-la politicamente implicada, garantindo naquela toda a soberania instituída por essa implicação. E se revela hoje uma enorme pertinência é também porque as democracias representativas inscritas no âmbito geral do demoliberalismo, precisamente as que trazem um histórico de maior longevidade, acusam atualmente sinais de fadiga e desmobilização dos cidadãos, dando crescente notícia de uma crise profunda. O mesmo demo-liberalismo que exporta o seu modelo de instituições mundo afora numa era de globalização vê-se cada vez menos encarnado pelos cidadãos das sociais-democracias que estão na sua origem. E nisso também se descobre uma formidável oportunidade, desde que a transformação dos modos de comunicação e convivência comunitária no quadro da era tecnológica em boa medida permite hoje, e cada vez mais, soluções de participação demo-crática inviáveis num tempo como o de Rousseau. Com efeito, quando se dissolvem os constrangimentos da *acquaintance*, libertando-a de um mesmo espaço-tempo, tornando possível a composição de comunidades virtuais e o desenvolvimento de formas de democracia participativa interativa, 2.0 diz-se, os limites que punham fora de jogo a democracia rousseauniana podem ser considerados em vias de superação.

Atentemos um pouco mais na crise das democracias representativas a que associamos o demoliberalismo que pontua nas sociais-democracias ocidentais. Há pelo menos dois traços. Por um lado, é uma crise da demo-cracia política. Não é tanto a política que está em crise no sentido de que não estão em falta modos de se praticar o poder político e nem sua legitimação para alguém poder mandar e obedecer. Nesse sentido, a política vai bem de saúde. Sucede é a política legitimar-se cada vez menos na democracia. Aliena-se a política. Ou ainda: os cidadãos são forçados a alienar a política e dela se alienarem. Os atributos da soberania, como poder absoluto que não pode ser transcendido, entre homens, por outro maior sem que deixasse de ser poder soberano – e essa é uma afirmação simplesmente analítica

–, são hoje mimetizados pela dívida pública dos Estados. Por exemplo, a dívida é perpétua, a dívida é soberana, a dívida não se subordina a nada nos negócios humanos, a dívida, pelo contrário, subordina tudo, incluindo a política democrática. Na realidade, a dívida parece que herdou os atributos que Jean Bodin atribuiu ao conceito político de soberania. Chega-se a falar, no discurso político hodierno, em necessidade de uma suspensão da democracia, como se fosse um luxo, desejável, mas que teria de aguardar por melhores condições financeiras. Um pouco como sucede sempre com a cultura em tempos de penúria. Por isso, é justíssimo dizer que essa dívida mais do que soberana se tornou o soberano e que esse soberano certamente não é um soberano democrático. Na verdade, é um soberano absolutista. Não por defender um entendimento do poder soberano como poder absoluto, mas por reificar o adjetivo em substantivo – absolutismo – e fazê-lo de maneira particularmente hobbesiana, ou seja, arrancando a sua legitimidade do medo.

É por outro lado – e esse é o seu segundo traço – uma crise do modelo de democracia política. As democracias representativas no quadro do demoliberalismo deslocaram o essencial da democracia para os procedimentos da representação. A democracia estar toda na consumação da representação de todos implicou transferi-la ao plano dos procedimentos, da sua formalização, das suas regras, da sua expressão de governamentalidade para usar a expressão foucaultiana. Em vez de se politizar a governamentalidade, governamentalizou-se a política. Essa formalização converteu a democracia em formalidade. Pior: em encenação que, no essencial, serve aos propósitos de uma soberania antidemocrática que faz o seu caminho num horizonte que se afigura pós-democrático.[1] Por detrás da encenação demoliberal, instala-se uma soberania que tem por modelo mais justo o

---

1. Com a expressão pós-democracia, (cunhada por Jacques Rancière), Collin Crouch (2004, p. 3-4) dá bem conta desse aspecto performativo em que a democracia se deixou armadilhar, em que o que acontece realmente é uma encenação a partir de um backstage inacessível aos cidadãos – "A satisfação com as expectativas democráticas sem ambição produz complacência sobre o que eu chamo de pós-democracia. Sob esse modelo, enquanto eleições certamente existem e podem mudar governos, o debate público eleitoral é um espetáculo fortemente controlado, gerenciado por equipes rivais, de profissionais especialistas na técnica da persuasão, e que considera uma gama pequena de assuntos selecionados por essas equipes. A massa de cidadãos desempenha um papel passivo, quiescente, até apático, respondendo somente aos sinais dados por eles. Por trás desse espetáculo de jogo eleitoral, a política é de fato formada em particular, por interação entre governos eleitos e elites que esmagadoramente representam interesses comerciais".

hobbesianismo, ou uma versão interiorizada de culpabilidade associada, moralismo acusatório particularmente sentido na Europa, o que não anda longe da configuração descrita por Freud, em que um crime original de parricídio contra um poder absolutamente ilimitado do pai generaliza uma culpa comum a toda a comunidade, que lhe servirá, doravante, de princípio de sociabilização. A culpa por termos vivido acima das nossas possibilidades faz o papel de instalador do medo hobbesiano no interior do peito de cada um.

A ressonância entre Sartre e Rousseau desdobra-se em uma multiplicidade de linhas de leitura que entroncam, todavia, numa primeira a que tem de ser concedida uma ênfase fulcral. A inalienabilidade radical da liberdade em Sartre, expressa na célebre afirmação "o homem está condenado a ser livre", faz eco da inalienabilidade da vontade geral em Rousseau. Com efeito, em ambos os filósofos, e de uma forma axiomática, não é possível alguém furtar-se a ser livre, privar-se da sua liberdade, sem se privar de si mesmo, da sua ontologia, da sua posição na existência. Por isso, o combate pela liberdade, longe de ser um combate ganho à partida ou até mesmo um combate sem sentido na presunção de a liberdade estar sempre adquirida, é, pelo contrário, um combate que se enraíza na terra ontológica de cada um. Não é, pois, um combate da ordem das quantidades, do mais e do menos, no qual se jogue, essencialmente, o que se pode ter ou deixar de ter. Não é da ordem do capital que se faz circular para se reproduzir e acumular. A inalienabilidade da liberdade atesta-se, aliás, nos limites da liberdade – uma liberdade sujeita à tensão dos limites intensifica-se nas suas escolhas, cresce em significado para os seus sujeitos. De fato, não se revela a liberdade da mesma maneira na escolha entre a vida e a morte própria, ou a de outrem, e na escolha quotidiana não pressionada por consequências sobre a própria existência de quem escolhe, ou sobre a existência de outros. Esse combate pela liberdade é, pois, de uma ordem anterior, que designaremos ontológica ou existencial. E da mesma maneira que se joga num plano ontológico aos indivíduos, joga-se de forma não menos originária à sociedade toda no seu movimento histórico.

Muito em especial no primeiro tomo da sua *Critique de la raison dialectique*, Sartre reflete sobre o combate pela liberdade como um combate contra a opressão. Esse combate faz-se sobre uma condição original de escassez (*rareté*) que motiva a ação e a sociabilidade, estando na própria matriz do movimento da História.[2] Mas essa escassez só se torna opressiva quando ganha a intencionalidade de uma ação humana. Por si só, a natureza não oprime, a não ser em sentido figurado e, realmente, apenas porque é nela que se monta a opressão. Sartre denomina essa forma de opressão como uma "escassez provocada" (*rareté provoquée*) e identifica-a na sociedade francesa do final do século XIX:

> Nessa escassez provocada (ou seja, nessa intensificação deliberada da escassez como força negativa), as contradições entre os operários como vendedores individuais da sua força de trabalho, já superadas pela prática sindical, são transformadas em contradições entre meios operários (operário profissional contra operário sem qualificação, funcionário público contra operário da indústria privada, operário com salário mensal contra operário remunerado "de acordo com a sua produção", etc.) e os sindicatos, que controlam essas divisões com a sua soberania em via de petrificação, tornam-se, por sua vez, em agentes de desunião para a classe operária. (…) Aqui a opressão consiste em perpetuar dissensões provisórias ao perpetuar a situação francesa. Trata-se de dividir para reinar. (Sartre, 1960, p. 854)

Uma segunda linha de aproximação entre o pensamento de Rousseau e o de Sartre reside numa primazia dada à subjetividade, não como espaço de subjetivismo ou de relativização das condições objetivas que os sujeitos encontram, mas como sede e amparo último em que se joga a liberdade inalienável. Desde logo, é sabido como a *espessura da subjetividade* foi o fundo irredutível que Sartre opôs ao coletivismo que o socialismo histórico implantou na Europa como um esquema tão abstrato como inflexível. Este conformava o singular na sua lógica de sentido como quem impõe o constrangimento de uma ordem de poder. Consumia-o em violência, incompreensão e sofrimento, portanto.[3]

---

2. Philippe Cabestan e Arnaud Tomes, em *Le vocabulaire de Sartre* (2001), explicam bem a radicação da escassez no seio do próprio processo histórico: "A escassez funda, nesse sentido, a possibilidade da sociedade humana tal como ela existe (como coexistência de antagonismos) mas também a possibilidade da própria História, como vasta operação de luta contra a escassez. Essa escassez é primitiva: é somente essa originalidade que permite explicar a presença do negativo, do conflito no interior da sociedade e da história."
3. "O homem existente não pode ser assimilado por um sistema de ideias; independentemente do que se possa dizer e pensar a respeito do sofrimento, este escapa ao saber na medida em que é sofrido em si mesmo, para si mesmo e na medida em que o saber permanece incapaz de transformá-lo" (Sartre, 1960, p. 23).

Essa oposição que Sartre moveu ao marxismo coevo, em prol de um marxismo mais existencial, foi em grande medida uma oposição contra a legitimação ideológica dessa conformação e consumação do singular irrepetível pelo coletivo e sua falsa explicação, de caráter limitado e intencionalmente formal. Com a memória do estalinismo e das suas repercussões no Partido Comunista Francês, Sartre acusa inequivocamente:

> O formalismo marxista é uma empresa de eliminação. O método identifica-se com o Terror pela sua recusa inflexível de *diferenciar*; seu objetivo é a assimilação total mediante o menor esforço. Não se trata de realizar a integração do diverso como tal, conservando a sua autonomia relativa, mas de suprimi-lo: assim, o movimento perpétuo em direção à identificação reflete a prática unificadora dos burocratas. (Sartre, 1960, p. 49)

Também podemos considerar que é essa mesma espessura da subjetividade que serve de respaldo à condição cidadã de cada cidadão, de acordo com a forma como Rousseau a pensa em *Le Contrat Social*. Por exemplo, quando Rousseau afirma que a passagem do estado de natureza ao estado civil "produz no homem uma transformação notável, substituindo na sua conduta a justiça ao instinto, e dando às suas acções a moralidade que dantes lhes faltava" (Rousseau, 1762, v. I, p. 8). Encontra-se aqui notícia não apenas de uma "transformação notável", mas de uma notável prova de confiança nesse fundo espesso de subjetividade que forma o cidadão. E por aqui Rousseau antecipa nitidamente a escolha dilemática que caracteriza a consciência humana de acordo com o existencialista. Em ambos, tanto Rousseau como Sartre, está em jogo uma concepção existencial agonística na qual se escora a responsabilidade pelo mundo. É precisamente essa concepção que parece descontentar Hannah Arendt em *On Revolution*, no qual a vê de uma maneira belicista, como transparece quando interroga muito diretamente o pensamento de Rousseau: "para tomar parte no corpo político da nação, cada cidadão deve erguer-se e manter-se em rebelião constante contra si próprio?" (Arendt, 1963, p. 96). Mas replicar-se-á: não é essa "rebelião constante contra si próprio" o trabalho indispensável de confrontação interior que o inconformismo exige? Não é dela que se pode esperar serem prevenidas a rebelião e a confrontação dos interesses particulares? Clarificado fica, pelo menos, que a crítica de Hannah Arendt feita a Rousseau incide essencialmente naquilo que defende de comum com o existencialismo de Sartre. E isso que têm de comum é a evocação de uma robustez da interioridade sem a qual a violência da opressão encontra cada um que a sofre despreparado para a confrontação, politicamente desarmado a partir do interior de si mesmo, seja esse si mesmo o cidadão, a comunidade, a sociedade toda.

Um terceiro traço comum a dar relevo tem a ver com a medida humana comum que Sartre e Rousseau defendem. É muito claro que a *medida* da política rousseauniana é o sujeito humano, e não deus. São faculdades humanas, a da vontade designadamente, que pertence a todos os sujeitos humanos, e não a *potestas* exclusiva de Deus, absolutamente extraordinária, que servem de terreno de experiência intelectual, metáfora conceitual, referência de sentido e inteligibilidade para os conceitos políticos de Rousseau. Por exemplo, não podia ser mais sensivelmente humana esta descrição: "o corpo político é um ser moral que tem uma vontade". Portanto, a faculdade comum a todos os homens da vontade em contraste com, por exemplo, o monstro bíblico poderosíssimo que Hobbes escolheu como imagem do soberano. Esse recentramento no humano que Rousseau realiza no seu campo de pensamento é fortemente acentuado no existencialismo sartriano, que recusa qualquer transcendentismo na determinação da ação humana. Nada, nada mesmo, além da própria consciência determina a consciência. Daí a responsabilidade solitária de cada um nas suas escolhas. Daí também a reivindicação de um humanismo no existencialismo de Sartre.

Na sequência desses três aspetos comuns – inalienabilidade da liberdade, espessura da subjetividade e humanidade da política –, Rousseau e Sartre comungam de uma mesma compreensão da ação humana como protagonizada além de qualquer "necessitarismo". Como correlato desse posicionamento comum pelo qual se afirma a liberdade em Rousseau e Sartre, registra-se ainda em ambos um núcleo decisório no âmago do processo histórico, pelo qual o que determina a decisão não é o conteúdo da decisão, mas o poder de decidi-la e a capacidade de preservá-la sem contestação. Nisso, restaura-se a máxima hobbesiana *Autoritas, non veritas facit legem*, o que não significa, contudo, *facit jus*. Para confirmar esse decisionismo, basta recordar as famosas palavras de Rousseau que abrem a segunda parte do *Discours sur l'origine et les fondements de l'inégalité parmi les hommes* de 1755 (v. II, p. 1):

> O primeiro que, tendo cercado um terreno, se lembrou de dizer: Isto é meu, e encontrou pessoas simples o suficiente para nele acreditarem, foi o verdadeiro fundador da sociedade civil. Quantos crimes, guerras, assassínios,

quantas misérias e horrores não teria poupado ao género humano esse que, arrancando escoras ou tapando fossos, tivesse gritado aos seus semelhantes: Evitem ouvir esse impostor; estão perdidos se esquecerem que os frutos são de todos e que a terra não é de ninguém.

Paralelamente, de acordo com o entendimento de Sartre, a política apenas pode emergir como decisões entre sujeitos humanos sobre as relações diferenciadas de poder que entre eles são admitidas ou permitidas. Daí também que a política não se dispense nunca de uma legitimação qualquer, mesmo que apenas aceita por quem a impõe. Não há uma política da violência calada, sem intencionalidade nem escolha. Os processos de naturalização, como o da escassez provocada indicada anteriormente, são justamente tentativas de desintencionalizar e, assim, tornar muda uma opressão que foi, no fundamental, escolhida.

Consequentemente, se ainda interessa aqui se pensar em uma economia política, é precisamente enquanto a economia não determina a política, mas a serve como instrumento. Hannah Arendt havia deixado bem claro, em *A Condição Humana*, como são heterogêneos esses dois conceitos, mesmo contraditórios. Sartre resolve a contradição não pela subordinação da política à economia, como se aquela fosse a sombra projetada por esta, mas pela afirmação da autodeterminação da política e a compreensão da economia como meio instrumental àquela, seja em ordem a uma naturalização da escassez seja em ordem a uma emancipação face à escassez. Os exemplos históricos, primeiro, de certo estilo de vida a que Sartre chamou de *distinção* e que caracterizaria socialmente os burgueses finisseculares franceses (e que por razões de classe não podiam ser tomados como *nascidos* burgueses), e, segundo, as políticas de malthusianismo sobre as classes exploradas, evidenciam como a sua montagem serviu, de uma maneira ou de outra, a propósitos claros de dominação política.

Já pudemos avaliar como a culpa interior se tornou central nas sociais-democracias atormentadas pela austeridade. Se Hobbes tinha no medo da morte súbita e violenta um fortíssimo motivador da definição entre os sujeitos políticos de certa ordem política, com Freud, por exemplo, passa a ser a culpabilidade interior o fundamental agregador civil. Os dispositivos de opressão passaram a ter no sujeito o material plástico de formar dominação. O medo internalizou-se concedendo largas garantias ao poder exterior. Leva-se, assim, a austeridade pela mão, apesar de todas as consequências sociais que dela advêm, muitas, sem exagero, comparáveis às que se seguiriam de um esforço de guerra. Ora, em face desse quadro, a interiorização da política, que é precisamente um traço muito saliente tanto em Rousseau como em Sartre, tem um valor de resistência de grande relevo e que se traduz em um desafio à organização da participação política de modo a não deixar o exercício da soberania a outros que não a sua fonte. Mais do que isso, é um desafio a não dar por adquirida a pós-democracia, por meio da reconstrução de uma política da liberdade comum, que preserva a fraternidade na origem da ação política.

Referências bibliográficas

ARENDT, H. *A Condição Humana*. Lisboa: Relógio d'Água, 2001.
_____. *Sobre a revolução*. Lisboa: Relógio d'Água, 2001.
CABESTAN, P; TOMES, A. *Le vocabulaire de Sartre*. Paris: Ellipses, 2001.
CROUCH, C. *Post-Democracy*. Cambridge UK: Polity Press, 2004.
ROUSSEAU, J. J. "Discours sur l'origine et les fondements de l'inégalité parmi les hommes" (1755). In: *Œuvres complètes – tome III*. Paris: Gallimard/Collection Pléiade, 1964.
_____. "Du Contrat Social" (1762). In: *Œuvres complètes – tome III*. Paris: Gallimard/Collection Pléiade, 1964.
SARTRE, J. P. *O Ser e o Nada. Ensaio de Ontologia Fenomenológica*. Lisboa: Círculo de Leitores, 1993.
_____. *Crítica da Razão Dialética*. Rio de Janeiro: DP&A Editora, 2002.

DEMOCRACIA ABSOLUTA:
atualidade e desafios de um conceito clássico[1]

Roberto Nigro

Na conferência que realizei aqui há exatamente um ano, entre outras questões, analisei o golpe de Estado no século XVII. Sublinhei a diferença entre os conceitos clássico e moderno de golpe de Estado e insisti no fato de que o golpe de Estado clássico poderia ser interpretado como o motor do desenvolvimento político, na medida em que seria o mecanismo que permitiria a ampliação do funcionamento da máquina estatal – que ele visava à integração da vida ao mecanismo de poder. A partir desse ponto de vista, o golpe de Estado talvez seja o mecanismo central de funcionamento das sociedades biopolíticas, se entendermos por biopolítica o mecanismo que busca incluir o ser vivo na política. Se o Estado de exceção, em suas diferentes formas, é uma maneira de integrar a vida à política, então podemos dizer que ele faz parte das técnicas de governo. O Estado de exceção é uma técnica de governo, e não um momento de suspensão da atividade governamental, localizando-se numa zona indiferenciada em que não é possível se distinguir o dentro e o fora, o interior e o exterior, pois o interior e o exterior estão imbricados um no outro. Com essas considerações, pretendo apontar os laços teóricos entre o conceito clássico de golpe de Estado e a ideia de poder constituinte, ou, ainda, entre o conceito clássico de golpe de Estado e a noção de democracia absoluta.

Quando falamos em democracia hoje, entendemos que seja a comunidade política ideal por meio da qual admitimos que as sociedade ocidentais contemporâneas constituem as suas formas mais próximas. Ora, a questão que se põe é a de saber se a figura do sujeito político moderno correspon-

---

1. Tradução de José Eduardo Pimentel Filho (PPGF/UFRJ) e Julia Naidin (PPGF/UFRJ)e revisão técnica de Guilherme Castelo Branco (LFC/PPGF/UFRJ).

de à democracia; ou, dito de outra forma, se o sujeito político moderno se identifica com a forma comunitária de coletivo que o Estado moderno criou (segundo uma tese que seria de inspiração hegeliana) ou, ao contrário, subtrai-se a toda atribuição comunitária, como sugere, por exemplo, Catherine Colliot-Thélène em seu livro *La Démocratie sans "Demos"* (*A Democracia sem "Demos"*), no qual acrescenta, de modo muito significativo: "o indivíduo não pode mais consentir com os coletivos aos quais ele pertence, na adesão imediata e inteira que Antígona teria por sua família ou que Creonte exigiria dos cidadãos em consideração à cidade".

Para abordar essas questões, escolhi um ângulo ao mesmo tempo histórico e conceitual. Gostaria de considerar, desde o início, uma experiência histórica, política e social que se produziu na Itália durante os anos de 1960 e de 1970 e enxergar nela uma experiência conceitual de democracia absoluta. Em seguida, introduzirei, sobre essas análises históricas, referências de uma corrente de pensamento, que habituamos a nomear como "operaísmo", para chegar, enfim, a estabelecer relações com as obras de Michel Foucault e de Félix Guattari, e com os ensinamentos que podemos tirar desses autores sobre o conceito de democracia absoluta.

1.

Março de 1973: na maior fábrica da Itália (a Fiat Mirafiori), uma organização autônoma de lutas provocou um gigantesco ataque contra a produção. Os jovens trabalhadores, o novo proletariado social, os filhos de imigrantes do sul da Itália ou piemonteses, *não querem mais ser trabalhadores*; eles querem viver, eles querem satisfazer suas necessidades! Não se trata mais de libertar o trabalho, mas sim de lutar *contra o trabalho*. A ocupação de Mirafiori não se deve a nenhuma pessoa, nem aos sindicatos, nem ao Partido Comunista Italiano, nem aos grupos extraparlamentares: todos foram tomados de surpresa e puderam apenas se perguntar como tal organização de luta, feita assim tão invisivelmente, não foi prevista ou percebida em sua amplitude pelos estrategistas.

A ocupação da fábrica da Fiat de Mirafiori em 1973 é um tema, à primeira vista, circunscrito a uma região e a uma época bem delimitadas da história mundial contemporânea, aparecendo como um acontecimento modesto na escala mundial. Mas tal ocupação nos faz ver algo maior, como se esses acontecimentos transbordassem seus confins históricos, como se excedessem a experiência de seus atores. De fato, essa história *italiana* transborda largamente o quadro da Itália, e que a Itália, tal como posta em meu propósito, é parte de um "devir-mundo".

Se me refiro a esses acontecimentos italianos é porque estão muito próximos de minha experiência. Vocês poderiam indicar outros exemplos mais próximos de suas próprias experiências. Exemplos nos quais o sentido e o âmbito seriam igualmente semelhantes. De fato, devemos buscar a importância desses acontecimentos no que têm de "minoritário", no sentido em que Deleuze e Guattari entendem o conceito de "minoritário", quando opõem *menor* e *maior*.

Em 1973, em Nova Iorque, o banqueiro David Rockefeller fundou a Comissão Trilateral. Seu primeiro relatório se intitula *The Crisis of Democracy: Report on the Governability of Democracies*. O que preocupava os intelectuais do capitalismo estadunidense era a ingovernabilidade crescente das sociedades ocidentais, assoladas nesses anos por uma conflitualidade trabalhadora orgânica, mas também por uma multidão de negros, de mulheres, de estudantes, de loucos, de minorias sexuais, entre outros; o relatório conclui logicamente que se deve dar fim urgentemente à desordem que resultaria, segundo eles, num *excesso de democracia*. Crise da democracia significaria naturalmente crise de comando e crise dos lucros.

No discurso contemporâneo, empregamos cada vez menos a palavra comando. Aqui, emprego a palavra "comando" não para pensar um poder "totalitário" que se apoderaria de toda a sociedade e a dominaria do alto. Devemos entender a palavra comando num sentido marxista, para entendermos no que se baseia o relatório capitalista. Se nós entendemos a palavra comando dessa maneira, então podemos esclarecer também o sentido de crise na qual vivemos. A crise é um dispositivo epistemológico, de efeito imediato, utilizada pelo comando capitalista nos momentos de forte tensão social para produzir as condições de sua reprodutibilidade, e no qual os jornalistas e os intelectuais se servem à vontade para evitar nomearem outra coisa qualquer. De fato, uma vez pronunciada, a palavra "crise" penetra em toda parte e funciona como a justificativa solene prévia a todas as medidas econômicas e políticas odiosas que trituram a vida das pessoas. Toda "crise" deve ser seguida de uma "retomada", que, por sua vez, serve para preparar a próxima crise. Michel Foucault dizia que a utilização da palavra "crise", martelada a cada reviravolta capitalista, marcaria, antes de qualquer coisa, a incapacidade dos intelectuais de compreenderem o presente, e se ela tem uma força jornalística incontestável, sua nulidade teórica e estratégica seria igualmente certa.

Se, por um lado, o emprego da palavra crise é um formato que não explica grande coisa ("*o capitalismo está sempre em estado de 'crise'*"), por outro lado, a pretensa crise da democracia é reveladora da explosão ou da emergência selvagem das potências subversivas dos comportamentos individuais e sociais. A crise indica uma modificação da relação entre as forças antagonistas, a possibilidade de inverter tal relação e até mesmo de destruí-la. A crise indica uma densa malha de afrontamentos, de guerrilhas, de sabotagens, de existências incompatíveis que formam um exército invisível, que corrói a dominação. É nessa paisagem de afrontamento global que se inscreve a luta em torno da democracia absoluta. Quando o comando capitalista conduz uma contrainsurreição para fazer os trabalhadores pagarem pela crise econômica, vencer a guerrilha rastejante, repousar as minorias em suas barricadas, destruir fisicamente os militantes revolucionários, encarcerar os negros e os pobres em guetos, descarregar todo o peso do crescimento sobre os países do Terceiro Mundo, negando o desejo de revolução para todos aqueles que se manifestam, as formas de democracia absoluta são postas em questão.

Assim, inscrevo a entrada da história italiana num movimento global que atravessa o Ocidente capitalista, no qual o desafio maior é a luta pela democracia: a autonomia italiana é um movimento revolucionário que nasce em um contexto de ataque capitalista, no seio de um processo de contrainsurreição mundial; e o fato de que durante alguns anos, em um dos países mais industrializados do mundo, se tenha conseguido inverter esse dado, isso é uma das razões de sua atualidade, assim como da fascinação que ela continua exercendo sobre as novas gerações.

Poderíamos nos interrogar sobre os méritos epistemológicos e metodológicos do fato de religar acontecimentos e experiências tão diferentes umas das outras num singular e único movimento global.

A Autonomia não é o nome de uma organização política, mas de um conjunto de experiências muito variadas, eventualmente religadas umas às outras por meio da luta comum contra o trabalho assalariado e o Estado. Devendo sempre se referir às autonomias: autonomia dos trabalhadores, autonomia dos estudantes, autonomia das mulheres, autonomia dos homossexuais, autonomia das crianças, autonomia dos prisioneiros, autonomia de qualquer outra coisa que queira, partindo de suas contradições, na via da luta contra o trabalho e contra o Estado.

Os anos de 1970 marcaram uma etapa nova na constituição da luta de classes. Autonomia foi o nome de uma verdadeira cisão revolucionária, de um momento no qual a insubordinação social se revelou irredutível à valorização capitalista, e a luta pelas necessidades ilimitadas demonstram até que ponto a *vida* se tornara a aposta da política moderna. Autonomia significaria, então, também, uma autonomia dos territórios, dos lugares, dos espaços. Seria outro mundo, sim, absolutamente outro, que não os lugares desertificados e hipervigiados das metrópoles de hoje.

A experiência autônoma é a constituição de uma experiência de democracia absoluta em meio a lutas sociais e políticas intensas; o que está em jogo na ação política dessa minoria é um devir revolucionário que configura e inventa novos modos e estilos de vida; isso que está em jogo é a constituição de um proletariado social como sujeito político em torno do qual orbita a cisão revolucionária. Contudo, o proletariado social – ou, como dizem mais precisamente os teóricos da Autonomia, "o trabalhador social" – não é uma categoria sociológica que permita testemunhar as mudanças sofridas na estrutura produtiva. O proletário social é, antes de tudo, uma noção política, uma realidade que se constitui nas lutas e por meio das lutas sociais que ele efetua. Assim, quando se fala de Autonomia, não nos situamos sobre o plano de uma experiência de representação política, mas sobre o plano de um processo coletivo que tende a liberar a vida onde esta foi "aprisionada". Afinal, esse processo, que visa liberar a vida das forças que a entristecem, é sem fim.

A Autonomia designa então um comunismo "impuro", heterodoxo, herético, em relação à tradição comunista majoritária do século XX. Trata-se de um comunismo que divide muito pouco com os projetos políticos dos partidos reconhecidos como socialistas e comunistas. Na história do capitalismo do século XX, a Autonomia revela a emergência de "*outro* movimento trabalhador", que não é o movimento "oficial" representado pelos sindicatos e pelos partidos comunistas, mas aquele composto de precários, de migrantes, de mulheres, de homossexuais, de excluídos, em uma palavra: o trabalhador social ou o proletário social.

Mas, agora, um mal entendido deve ser evitado: a Autonomia não é o partido do proletário, a Autonomia não *representa* o trabalhador social; donde, uma vez mais, vemos seu estranhamento com a história do comunismo "oficial". A Autonomia é, sobretudo, a forma política por meio da qual o proletariado social manifesta sua existência e sua emergência politicamente. A palavra "Autonomia" indica a prática política de reapropriações de espaços vitais, de criação de novos espaços de liberdade praticada diretamente pelo proletariado social.

O outro movimento trabalhador designa uma experiência histórica precisa, e a palavra autonomia, tomada em sua acepção mais larga, deve ressoar como aquela do "outro movimento trabalhador", elaborada ao fim dos anos de 1970 pelo teórico alemão Karl-Heinz Roth para nomear a experiência do movimento que, desde o anarquismo alemão do fim do século XIX até às experiências autônomas do século XX, está inteiramente separado da via socialdemocrata e socialista das lutas e do desenvolvimento.

Na esteira dessa análise, o filósofo italiano Nicola Massimo De Feo, desaparecido há dez anos, inventou uma fórmula (à primeira vista um pouco duvidosa) para qualificar esse movimento: *autonomia do negativo*. A expressão implica que o negativo se radicaliza em sua autonomia até se tornar potência absoluta, poder instituidor que repousa na transformação do existente. O negativo é o momento da ruptura revolucionária, negativo sem reserva, absoluto, segundo a acepção que encontramos, igualmente, em Georges Bataille. Desde o início, o conceito de autonomia do negativo tem um porte antidialético e anti-hegeliano, pois essa negatividade absoluta de que fala De Feo não participa de um movimento dialético nem de uma *Aufhebung*. No plano filosófico, exprime o antagonismo irredutível; no plano político, a impossibilidade de todo projeto de reforma e de desenvolvimento socialdemocrata.

Da usina à cidade, do partido de Mirafiori aos mil grupos em multiplicação, do trabalhador social ao feminismo e à homossexualidade, a experiência autônoma é a experiência de uma democracia não representativa desencadeada nas metrópoles por uma geração que inventou formas de resistência que têm configurado uma nova estética da existência. Uma militância interior ao mundo, contra *este* mundo, por outro mundo possível, sem que isso signifique colocar as esperanças numa "alternativa socialista".

O afrontamento que atravessa a sociedade italiana é uma pequena guerra civil que se infiltra na vida cotidiana, que erode o sistema pelo interior: hegemonia do bloco trabalhador que significa disseminação dos comportamentos autônomos, recusa do trabalho assalariado, recusa do comando, da hierarquia em todos os níveis da sociedade. Não são mais exclusivamente ou tão somente as formas clássicas da greve trabalhadora que importam, mas as formas de subversão social, da deserção dos lugares de trabalho (absenteísmo), rejeição de toda mediação política. O trabalhador social, que joga com a Autonomia, se constitui nas imediatidades das lutas e se caracteriza politicamente por uma "capacidade de sentir como um conjunto que, mesmo estando só, permite uma coletividade de afrontar o caráter intolerável deste poder inimigo que vive fora de nós e em nós".

Essa "orgia social", que produz novas formas de existência, que constrói, pouco a pouco, novos modos de estar em conjunto, nos dá muitas vezes uma imagem sombria, reduzida à forma da luta armada. Uma imagem que tende a criminalizar os comportamentos de um proletariado difuso nas cidades: "anos de chumbo" para fazer ressoar a nota sombria de um futuro que serviria para nos afogar na agonia do ser-para-a-morte; "anos de chumbo" para fazer cair a cortina de ferro sobre um fenômeno rico em acontecimentos e em contradições.

Um dos protagonistas dessa "temporada de lutas" sublinha muito bem esses aspectos: "Eu sei que no alargamento dos espaços do poder que é produzido, um grande número de pessoas agem de forma desordenada, sem ideias claras e sem fins unânimes, fazendo as coisas mais diversas e, às vezes, a guerra, misturando os papéis e as hierarquias estabelecidas, se arriscando e se esforçando na liberdade nova que eles conquistaram". Essas são palavras de Lucio Castellano, um autônomo ligado à revista *Metropoli*, capturado com centenas de outros camaradas no inquérito denominado "7 de abril", em 1979, apresentando-se diante do juiz dirigindo-o essas significantes palavras: "Você está convencido de que o mundo é feito de mestres e de servos, e que estes últimos raramente estão em condições de fazer danos reais; você está convencido de que a questão do poder se coloca sempre em termos shakespearianos de uma guerra entre consanguíneos. Essas coisas que você me imputa fazem parte da sua cultura, não da minha. Eu nego ter constituído a organização a qual você fala, não porque eu tenha medo de você, M. Gallucci, mas porque eu teria medo de tal organização. A imagem que você busca fazer de mim me é odiosa".

O Estado e o capital sempre insistem que o verdadeiro "inimigo constitucional" seria a subversão generalizada na qual a Autonomia seria a forma de organização mais temível. Milhares de militantes foram perseguidos e aprisionados, centenas foram empurrados para o exílio e alguns foram assassinados. Mas, sobretudo, a contrainsurreição condenou dezenas de milhares de camaradas a um tipo de clandestinidade, na sociedade, que foi muitas vezes atravessado pela heroína, pela loucura, pela morte e pela traição. Um exílio no mundo, uma travessia pelo deserto, uma diáspora que se tornou uma experiência de massa.

Como uma flecha lançada pelo movimento autônomo dos anos de 1970 que um dia talvez será retomada, eis certamente a principal lição do movimento autônomo.

2.

Quando falamos do movimento autônomo, uma segunda referência surge: a corrente teórica do operaísmo italiano, que é parte integral dessa história.

O operaísmo foi uma experiência do pensamento, uma corrente teórica. Mas não foi unicamente isso. Foi, igualmente, uma forma de engajamento político, uma forma de fazer a militância, de atividade revolucionária. Foi um movimento que estava na contracorrente, ou contra as correntes de pensamento e os movimentos políticos que inspiravam a ação revolucionária. Sem dúvida, não é fácil dizer o que foi o operaísmo. Neomarximo italiano? Marxismo crítico inversor da tradição clássica do marxismo? Teria ele alguma relação com a experiência operaísta do "biênio vermelho", que marcou os anos de 1920 na história italiana?

Fiquemos, por um instante, com a ideia de marxismo crítico. De minha parte, acrescentaria unicamente que não consiste num movimento "nacional"; ainda que tenha nascido e se propagado na Itália, essa tendência se inscreve numa conjuntura internacional um tanto ampla. Entre seus representantes figuram, para nomear alguns, Raniero Panzieri, Romano Alquati, Mario Tronti, Antonio Negri.

O operaísmo nasce num contexto caracterizado por fortes tensões sociais, mas, sobretudo, por uma profunda transformação da composição de classe. Os operaístas prestavam muita atenção às modificações da estrutura da classe trabalhadora, às modificações do sujeito proletário, às modificações da composição de classe, interessando-se completamente na condução de investigações num solo (o que chamam de investigação trabalhadora); eles frequentam as fábricas, eles analisam os "comportamentos trabalhadores". Isso quer dizer que tais pensadores não possuem uma teoria da classe trabalhadora já formulada, pronta, mas que observam e analisam os comportamentos, as formas de insubordinação dos sujeitos trabalhadores. Dessa observação, tiram as conclusões teóricas sobre a natureza do sujeito trabalhador. Suas análises são motivadas por uma procura de um sujeito forte, isto é, de um sujeito que pode contestar ou minar o mecanismo de produção do capital. Sua referência à classe trabalhadora não possui nada de idealista ou de abstrata; não pretendem esclarecer a consciência dos trabalhadores.

As insurreições dos trabalhadores que começam na Itália em julho de 1962, em Gêne, na *Piazza Statuto*, mostraram que um novo sujeito trabalhador está nascendo. Existe uma forma emergente de ação política, uma forma de democracia absoluta, que não pode ser reduzida à ação política realizada pelos sindicatos e pelos partidos comunistas, dito de outra maneira, que não pode ser reduzida à forma da democracia representativa. Temos a emergência de uma nova forma de subjetividade; uma subjetividade que atravessa milhares de mulheres e de homens vindos do sul do país, do campo, etc., uma subjetividade que não se deixa facilmente enquadrar na estrutura hierárquica das fábricas, da cidade, etc.

Os operaístas se interessam por esse novo sujeito social. Como disse Mario Tronti: "é preciso inverter o problema, é preciso mudar o signo, é preciso recomeçar do começo e o começo é a classe trabalhadora. No nível do capital socialmente desenvolvido, o desenvolvimento capitalista é subordinado às lutas trabalhadoras, ele vem depois das lutas *trabalhadoras*".

Nas usinas, a alienação trabalhadora toca o seu cerne. Mas é dentro dessas mesmas usinas que a resistência conhece seu apogeu. O trabalhador não ama seu trabalho; ele o detesta. É assim que a categoria política fundamental de recusa ao trabalho se torna uma arma mortal contra a organização capitalista do trabalho. Insubordinação trabalhadora significa buscar e encontrar todas as formas possíveis para subtrair-se da exploração cotidiana do trabalho organizado, emoldurado, comandado, enquadrado, disciplinado pelo capital.

A rigidez trabalhadora, isto é, o poder real da classe trabalhadora, sua capacidade de organizar as lutas e se organizar, é muito forte. O proletariado impõe seus ritmos no conjunto da sociedade. As forças capitalistas devem reagir e reorganizar sua resistência. É o início da contrarrevolução. Ali, onde a classe trabalhadora é forte, isto é, ali onde a organização trabalhadora é enérgica, deve-se destruí-la; deve-se dividir os sujeitos, deslocar as fábricas, desmantelá-las; deve-se automatizar o trabalho para eliminar a fonte viva do trabalho, que é a origem da crise. O papel central do trabalhador da usina, o que os operários chamam *massa trabalhadora (l'ouvrier masse)* está em vias de desaparecer.

A partir desse momento, os operaístas se dividem; de um lado, existem os que veem neste imenso processo de reestruturação da organização do trabalho e da sociedade um empuxo irreversível da crise sobre o conjunto da sociedade. Isso significa que a crise *produzida pelas lutas trabalhadoras* não é eliminada, mas prolongada, estendida: é jogada no conjunto da sociedade. Se o trabalhador de uma fábrica perde seu papel e sua centralidade é porque a crise, as lutas e o antagonismo são deslocados conforme a nova organização do trabalho se desloca, ou seja, pela sociedade inteira. Não se trata mais de um trabalhador de massa, de um trabalhador de usina, mas, isso sim, de um *trabalhador social*, um trabalhador que trabalha no que chamamos sociedade de serviços. A classe trabalhadora se modifica e, consequentemente, as formas do conflito se modificam também. Mas esse diagnóstico não encontra o acordo de todos. Outros operaístas interpretam estas mudanças como uma forma de contrarrevolução, de declínio, de dobra da sociedade sobre ela mesma. O conceito de uma autonomia política, de uma "Krisis", para utilizar o conceito de Massimo Cacciari, vem na frente do debate político. Os caminhos que esse debate abre são múltiplos e não podem ser reduzidos a apenas um, inscrevendo-se numa conjuntura que levou ao debate italiano o sujeito frágil, o pensamento mole, o pós-moderno, etc. – de Vattimo à Rovatti.

Se, por um lado, existe no final dos anos de 1970 uma parte dessa corrente operaísta ou pós-operaísta, ou *autônoma*, que se orienta cada vez mais na direção de um pensamento francês que busca os elos, os pontos de contato com as obras de Deleuze, de Guattari e de Foucault, por outro lado existe uma crítica que toma forma no trabalho de um número considerável de teóricos e que se coloca perante a crise da civilização ocidental, a crise do capitalismo fordista e pós-fordista. Esse trabalho teórico se apoia em temas presentes na filosofia alemã e austríaca, indo de Nietzsche a Heidegger, de Mach a Wittgenstein, de Weber a Sombart. Essa trajetória de pensamento orienta suas críticas contra o pensamento francês. É suficiente pensar aqui, por exemplo, no artigo que fez clamor de Massimo Cacciari, que atacava, em 1977, o pensamento de Deleuze e de Foucault, num artigo publicado na revista *Aut aut* (setembro, 1977, n. 161), que tem como título "*Razionalità e irrazionalità nella critica del Politico in Deleuze e Foucault*" (p. 119-133, o número inteiro da revista é consagrado ao "Irracionalismo e novas formas de racionalismo").

Não voltarei aos detalhes desse artigo, que deve ser lido e situado no contexto em que se deu, isto é, no debate político efervescente que se instala na Itália no fim dos anos de 1970, quando a luta armada se intensifica e o movimento se reúne em Bolonha para um grande encontro sobre a repressão e a violência (setembro de 1977). De todo modo, trata-se de um artigo que é o resultado, a meu ver, de uma série de mal entendidos e incompreensões quanto ao sentido das obras de Deleuze e de Foucault.

No entanto, é importante que estabeleçamos conexões cada vez mais estreitas entre a filosofia francesa e essas correntes do pensamento italiano. Existe, poderíamos dizer, a pretensão de estabelecer uma conexão evidente e cada vez mais estreita entre os acontecimentos políticos que se passaram na Itália durante os anos de 1970 e a filosofia francesa.

3.

Que o elo entre as lutas de classe na Itália e a filosofia francesa seja histórico -político ou teórico-ideal, isso não possui nenhuma importância imediata. Gostaria de tentar fazer, ao contrário, algumas considerações a partir desse possível elo conceitual. Para tal, tomarei como principal ponto de referência as obras de Foucault e de Guattari.

Em sua obra, Foucault analisa, entre outras coisas, a emergência de novas formas de subjetividade e novas formas de luta.

No artigo "O sujeito e o poder" (*Le sujet et le pouvoir*), Foucault afirma que para compreender as relações de poder é necessário analisar as formas de resistência. Essas formas de oposição ao poder não são exclusivamente da ordem da luta contra a autoridade. As lutas das mulheres contra os homens, dos doentes contra os psiquiatras, dos pacientes contra os médicos, das pessoas contra as administrações, são lutas transversais que possuem por escopo o funcionamento do poder enquanto tal. São as lutas imediatas que visam o poder em seu funcionamento imediato. São as lutas que não buscam o inimigo número um, mas sim o inimigo mais próximo. São as lutas que não nascem da ideia de que a resolução de um problema será por meio da liberação ou da revolução, mas das lutas anárquicas que colocam em causa o estatuto do indivíduo, questionando a forma da governamentalização do indivíduo. Logo, podemos falar de lutas contra formas de dominação ética, social e religiosa, lutas contra exploração, de lutas contra isso que amarra o indivíduo e que o submete aos outros.

Essa noção de transversalidade das lutas a qual Foucault se refere se encontra também nas análises de Félix Guattari. Guattari utiliza a noção de transversalidade para indicar as novas formas de práticas revolucionárias. A transversalidade se opõe à verticalidade, à estrutura piramidal do poder, que mira o chefe no topo – pressupõe um tipo de horizontalidade. O modelo da transversalidade substitui todas as formas de organização. Opor-se à verticalidade das organizações políticas significa reverter a relação de obediência e de comando; significa se opor a todas as formas de autoridade e de dominação que se instalam mesmo nos grupos políticos mais variados. Trata-se de uma crítica que não visa unicamente o conformismo burguês, mas também os microfascismos que atravessam os grupos políticos e os movimentos sociais (ver Guattari, 2003).

A atenção que Guattari confere à questão da micropolítica, da revolução molecular, do devir revolucionário ou do devir menor, para utilizarmos os termos mais comuns presentes em *Mil Platôs* (escrito com Gilles Deleuze), é sintomática de um encadeamento não somente de perspectiva teórica, mas também de transformação histórica. Deleuze e Guattari descrevem as novas formas de militância, de atividade política, as novas formas de experiência e de existência: referem-se às novas experimentações políticas, e não param de questionar, de submeter à crítica as novas formas cristalizadas de engajamento político, os microfascismos que atravessam os movimentos e os sujeitos que se creem imunes a essas derivações ou a essas transformações.

Por exemplo, no texto *Caosmose* (1992, p. 11), Guattari levanta a questão da produção de subjetividade pondo o acento no fato de que ela "deve produzir-se através de instâncias individuais, coletivas e institucionais". Portanto, isso não implica nenhum retorno aos tradicionais sistemas de determinação binária, infraestrutura material e superestrutura ideológica; trata-se, ao invés, de colocar a questão da relação entre ética, estética e existência em termos inteiramente imanentes; isso significa dizer que essas três dimensões não possuem nenhuma relação hierárquica obrigatória, fixada de uma vez por todas. A subjetividade se produz por meio de mecanismos que possuem relações com os modos de existência. Isso não significa que a estética da existência ou a ética vão sobredeterminar os modos de existência;

mas sim que constituem a si mesmas conforme os modos de subjetivação ou as formas de vida que se constituem.

Assim como no pensamento de Foucault, em Guattari a ética e a estética não possuem papéis de instâncias moralizantes; é por isso que podemos falar no nível de um profundo *espinosismo* de Foucault e Guattari, na medida em que o paradigma estético não funciona como um modelo ao qual a vida deve se conformar (Eu deixo de lado no momento o fato de que uma estetização da vida pode também ocupar uma função prescritiva, a estetização da existência pode também se tornar a prisão na qual a subjetividade se deixa capturar). Porém, nas propostas de Guattari e de Foucault não se coloca tanto a questão de definir uma ética, de fornecer uma ideia geral do que é a ética ou o que poderia ser uma existência estetizada; trata-se, sobretudo, de descrever as singularidades, os modos de subjetivação; trata-se, sobretudo, de compreender por quais relações se formam os diferentes modos de existência, se proliferam, se forjam e se instituem; do mesmo modo, trata-se de se interrogar sobre as possibilidades de produzir outros modos de existência e outras formas de subjetividade. Não é tanto o problema de definir o que uma vida deve ser, mas de compreender a vida em termos de experiência.

Esse profundo espinosismo de Foucault e Guattari possui seu sentido num segundo movimento que lhe sobredetermina, lhe retifica, lhe dá precisão; isto é, eu diria, seu profundo *nietzschianismo*, que lhes permite colocar a questão da análise histórica ou genealógica da formação do sujeito. Para Guattari e Foucault a estética funciona como um tipo de atenção direcionada à produção de existências subjetivas. Quando colocamos a questão da estética da existência em Foucault ou Guattari, nos distanciamos muito de todo existencialismo. A aproximação deles se dá não por meio do existencialismo, mas, antes, por meio de uma análise em termos de práticas constitutivas de si e dos modos de subjetivação que produzem novas formas de vida e novos estilos de existência.

Nos últimos anos de sua vida, Foucault reorganiza sua pesquisa em torno da questão de uma lenta formação de uma hermenêutica do sujeito e concentra suas pesquisas no período greco-romano, deslocando suas pesquisas do período moderno à antiguidade para estudar os modos de subjetivação dos seres humanos. Deveríamos interpretar seu último esforço de analisar a hermenêutica do sujeito na cultura antiga como uma tentativa de vislumbrar novas práticas à criação de um novo sujeito e de uma nova política. Isso pode ser o grande desafio de suas últimas análises em seus últimos cursos no *Collège de France*.

Particularmente, devemos nos interrogar mais atentamente sobre os laços que unem a crítica foucaultiana a certo tipo de utopismo revolucionário e a eficácia de certas práticas e experiências revolucionárias com a trajetória na qual ele engaja seu pensamento no final de sua vida. No fim dos anos de 1970, a falência de certos modelos de militância é um fato praticamente dado e a reflexão de Foucault se instala nessa conjectura da busca por novas formas de ação política.

Guattari retoma as observações críticas de Foucault sobre as relações de poder para mostrar que essas relações implicam processos de subjetivação. Se, por um lado, Foucault coloca a questão da estética da existência e tenta traçar uma genealogia da atitude crítica a partir da experiência artística do século XX, por meio da atividade política e revolucionária de grupos políticos do século IX, até a questão do falar franco e da *parrêsia* como prática de si nos cínicos; por outro lado, Guattari desenvolve um modelo baseado na ecologia do virtual e dos territórios existenciais. A partir daí, a estética da existência não pode ser considerada como o confinamento em uma torre de marfim, e sim como a tentativa de construir novas maneiras de ser e viver em conjunto.

Guattari e Foucault analisam as relações transversais que determinam a produção de subjetividade. Esta se constitui num território essencial sobre o qual se articulam as transformações sociais, éticas e políticas. Estas são as práticas de autogoverno, as práticas de si que são o centro desta análise. Um modo de subjetivação não é uma prática que cria sujeitos *ex-nihilo*: os cria ao transformar as identidades definidas e colocadas em uma ordem natural e social em instâncias de experiência e de conflito. Toda subjetivação pressupõe uma desidentificação, uma dessubjetivação, um tipo de supressão, de retirada daquilo que parece ser o lugar natural ou a naturalidade de um lugar. As tecnologias de si ou o cuidado de si devem ser interpretados em seu sentido político, isto é, enquanto práticas que implicam numa subjetivação política, como capacidade de produzir cenas polêmicas, conflitos, linhas de fuga e novas formas de existência. A subjetivação política redesenha o campo político da experiência, forma a organização da comunidade. A subjetivação política deve ser interpretada como uma real experiência política, como uma experiência que permite ao sujeito o desprendimento dele mesmo e de sua condição atual; uma experiência que muda a ontologia do sujeito.

Guattari ressalta a transversalidade como o elemento no interior do qual os processos de subjetivação tomam forma. A ecologia é, para Guattari, não somente um sistema fechado, mas um sistema aberto em que diferentes modos de existência têm lugar.

A insistência sobre a estética em sua relação com a existência não se confunde com a estetização da política, já criticada por Walter Benjamin, em torno dos anos de 1930. Guattari e Foucault utilizam a palavra estética como uma maneira de significar o potencial criativo da expressão: linguagens, códigos visuais que produzem territórios coletivos. Caosmose define, ao mesmo tempo, uma prática e um instrumento de análise, consistindo num ativismo imanente, numa força que forma, numa democracia absoluta.

Referências bibliográficas

CACCIARI, M. "Razionalità e irrazionalità nella critica del Politico in Deleuze e Foucault". In: *Aut aut*. 1977, n. 161, p. 119-133.

FOUCAULT, M. "Le sujet et le pouvoir". In: *Dits et écrits*. Vol IV. Paris: Gallimard, 1994.

GUATTARI, F. *Psychanalyse Et Transversalité: Essais D'Analyse Institutionnelle*. Paris: La Decouverte, 2003.

GUATTARI, F. *Caosmose*. Paris: Galilée, 1992.

THÉLÈNE, C. C. *La Démocratie sans "Demos"*. Paris: PUF, 2011.

NEGRI E A PERGUNTA PELO COMUNISMO

André Queiroz

1.

Rais Busom, em uma entrevista com Antonio Negri[1], em 1993, lhe pergunta se, mesmo depois do colapso das experiências do Socialismo *real* no Leste Europeu, Negri *ainda* se colocava na condição de comunista. Se *ainda* lhe restava esse fôlego, essa distinção. Negri não a recusará. Pelo contrário, a tomará para si e dirá que "sou comunista e continuo a ser comunista"[2]. Sobretudo porque não era a extenuação do comunismo o que se vislumbrava na ocasião. O extenuado era a sua contenção sob a forma-Estado, sob o poder centralizado, sob o capital a agenciar os modos pelos quais a forma-Estado organizava as relações de poder neutralizando-as na suposta autonomia transcendente que ela a si evocava. Este, o extenuado, é o que se implodia. A questão a se pensar era: *o que se liberava uma vez atingida a extenuação?* Fluxos *desterritorializados* de capitais volatilizados (como que em desregulagem), mas também o exílio positivado/constituinte/flexível nômade do proletariado contemporâneo pós-fordista, não mais tolhido pelos muros da fábrica e engavetado nos alinhamentos repetidos da produção; não mais interditado ao circuito dos deslocamentos não previsíveis de onde,

---

1. Rais Busom entrevista Antonio Negri, "Nos encontramos en la primera crisis del postfordismo" (Anthropos, 1993, p. 30-34).
2. Negri e Guattari afirmam: "A palavra comunismo está marcada pela infâmia. Por quê? Embora indique a liberação do trabalho como possibilidade de criação coletiva, converteu-se em sinônimo do achatamento do homem sob o peso do coletivismo. De nossa parte, o entendemos como via da *liberação das singularidades* individuais e coletivas, isto é, o contrário do enquadramento do pensamento e dos desejos" (1999, p. 19).

quem sabe, estaria *às mãos da vontade* o motim da malta sublevada; não mais retido ao diagrama inflexível do sequestro do tempo que se converte a jornada das horas na qual está ao trabalho o operário-massa – conversão do trabalho aos modos do assalariamento, imposição mistificadora da lei do valor e a subsunção formal do trabalho ao capital; não mais a isso é que se estava atado, não mais controlado de forma rigorosa pelos registros que o depositavam ao misticismo da transcendência que é, desde o Estado burguês, a rebater na gestão inequívoca das massas tornadas efeito e alvo de políticas de governo. Outro cenário, outros modos de regulação entre capital e trabalho, outras formas de resistências e, de pronto, a questão a saber, é a dos novos atores do rechaço das relações capitalistas de exploração, *o novo povo da insurreição.* Negri dirá sobre a *experiência do comum* aquilo que se esteve constituindo, sobre o trabalho coletivo desenvolvido no processo de produção como o de uma reintegração de posse, e, a respeito das forças produtivas, que não são senão os sujeitos móveis, ativos e criativos que se opõem sobremaneira à condição de alienação que lhes é imposta desde o Estado, sua soberania e o capital, ou, nos termos de Negri: "estes conjuntos de alienação que a história moderna nos últimos duzentos anos nos dá a conhecer" (Negri, 1999, p. 144). Todavia, na questão de Busom, muito mais se desdobra, uma vez que se tratava de um 'quase' anúncio das limitações de uma época, limitações advindas de uma ruptura entre um *não mais* e um *ainda não*, entre o que teria sido *o comunismo, o mal fadado*, e o porvir que não traria consigo a sombra daquele espectro a rodeá-lo; parecia que Busom desdobrava a sua questão até onde ela não chegava (ou será que somos nós que o forçamos até isso?) – está perguntando pelo *ainda do comunismo* como se estivesse fora de um diagnóstico-decreto, o de estar enregelado quando seria a história a torrente inequívoca que não se repete senão como farsa e, justamente por isso, permanecer no *ainda do comunismo* (Negri ali?) seria paradoxalmente perder o rumo, escapar ao processo, escapar do que não se escapa, envelhecer do que se padece, insistir-se no arcaico, chapiscar-se da corrosão operada pelo tempo. Sem que o enuncie, Busom parece supor o determinismo histórico e a inevitável constrição a toda e qualquer possibilidade de escape, de deriva, de êxodo constituinte em que o experimento do comum estivesse abortado. Busom parece evocar a predeterminação na qual estariam os sujeitos coletivos plasmados até o encantamento, destinados à autorrecusa da constituição ontológica de *um outro do mundo* e demandantes da redenção teleológica na qual o capitalismo ocidental lhes fosse o horizonte e, a um só tempo, a clausura. Fatalismo e destinação. Todavia, quando será que se está nisso – o linear, o unívoco, o teleológico? Não seria, antes, a ruptura incurável, a abertura equívoca, o horizonte indefinido, um aparecer que se organiza na explosão de genealogias distintas e de dispositivos singulares (Cf. Negri, 1992)[3], o aberto, o constituinte? Ou será que, de fato, tratava-se do prenúncio da derrota, dada a desfiguração do quadro em que supostamente se esvaía a experiência real do comunismo? Mas qual a experiência real que se desmantelava, senão a do capitalismo de Estado? A experiência real que se desmantelava era a do comunismo, uma vez que o que se descrevia era a extenuação de uma transcendência, isto é, a do Estado planificador? Como situar (*sem sitiar*) a experiência e o experimento do comunismo a partir dos limites de uma gestão de Estado, a sua planificação?[4] Não será que Rais Busom[5] estava apregoando os vícios da modernidade sob a forma necessária de uma destinação ao Estado como operador e centralizador das forças que lhe seriam irredutíveis? Por que será que no anúncio do fim se entoa o cantochão funéreo daqueles/daquilo que precipitara(m) o fim – um experimento que fora pervertido desde há muito tempo? Erro de cálculo ou desvio de interpretação? Depositar à condição de vítima os partícipes do conflito? Quando será, se está entre dois fogos – as mãos atadas às costas, ao rosto a máscara que turva a visão, à cabeça a coroa de espinhos em aço de pontas letais e a ela toda a multidão? Mais fácil é a *invenção da vítima* por meio da leitura da história como conflito de forças; mais convenientes são os discursos sobre a barbárie (ou a guerra primitiva) do que a assunção

---

3. Negri (1992, p. 35) afirma: "Nós aprendemos quando, reduzido a nada o *parecer* da superfície da história, ou ao acúmulo de catástrofes e de repetições insensatas que o configuram, sobre o nada aparece uma pequena parte do novo ser, um primeiro punhado arriscado de verdade, e se ilumina o desejo de construir o objeto".

4. Vejamos este trecho de Negri e Guattari (1999, p. 23): "O comunismo não é coletivismo cego, redutor, repressivo. É a expressão singular do devir produtivo das coletividades, que não são reduzíveis, 'remissíveis', umas às outras. E esse devir mesmo implica uma ativação contínua, uma defesa, um reforço, uma amplificação, uma reafirmação permanente desse caráter de singularidade. Nesse sentido, qualificaremos também o comunismo como um processo de singularização. O comunismo não poderia se reduzir de modo algum a uma adesão ideológica, a um simples contrato jurídico ou a um igualitarismo abstrato. Inscreve-se na confrontação prolongada que atravessa a história ao longo das linhas sempre novas, uma vez que aí se encontram postas em discussão as finalidades coletivas do trabalho".

5. Tomarei a liberdade de usar Busom como um quase-personagem, muito mais do que se a ele de fato eu me reportasse. Busom passa a ser de agora em diante o elemento-chave que, mesmo sem dizer, diz o que o farei dizer.

da potência expressiva dos muitos; mais hábil a narrativa do mundo como história que se revolve até o fim e a este se totaliza, e se resolve e se encerra (o fim da história de Hegel a Fukuyama) do que a aposta na impossibilidade de síntese de uma história que, movida a golpes e contragolpes, se inscreve em processos revolucionários e convulsos – que é *desde a multidão*, esse ator que atende pelo nome de *legião*. Muito diferente disso seriam as vítimas do assalto que é o dos céus, o bombardeio a nos chegar desde cima (*drones* e câmeras da CNN) e a *multitudo* resumida, a fórmula encarquilhada e reivindicante de um deus, o príncipe, o Estado, o Contrato, lugar desde onde se lhe adviria a salvação? Não será isso o que se descola da questão voltada a Negri? Não há aí, em questão, um eco do "triunfalismo" do Ocidente capitalista tecendo a rede de contenção ao que transborda por todos os lados? Lembrança das cenas do ano de 1989 – a derrubada do Muro de Berlim por um trabalho coletivo de insurgência. Sacava-se o que estava empedrado: os relógios de uma história aos descompassos. Saquear o que fora saqueado da multidão, expressão do poder *destituinte*[6] que é das massas a certo instante do processo histórico. "Reempossar", reinscrever no corpo dos muitos, enquanto muitos, a riqueza que lhes era própria. Reapropriar-se do butim da guerra legitimada pelo terror do Estado em seu contínuo assalto ao povo, reintegrar o que lhes fora expropriado sob os modos da exploração. Não será que se tratava disso?

Estamos nos impasses entre os modos pelos quais os processos históricos são lidos, compreendidos, interpretados. Lê-los desde a luta dos trabalhadores, ou dos pobres, a luta *dos* todos – muitos enquanto muitos, a luta das classes em seu antagonismo de interesses, em sua irredutibilidade. Estamos nos impasses – leitura do tempo histórico desde baixo, os conflitos que se operam à imanência, lugar e condição de todo combate. Lugar em que a suspensão dos conflitos sequer é precária. Lugar em que a suspensão do conflito à caça contumaz dos consensos é imediata expressão do golpe de Estado alienando-se das massas. Construção da fábrica de sonhos sem terra e sem teto. Está-se à sugestão do depósito ao *comum* como aquilo de que se trata, qual seja isso, senão o de captar, desde a trajetória dos movimentos

---

6. Expressão de Michael Hardt em entrevista a *Folha de São Paulo*, dia 3 de julho de 2013. Hardt respondia sobre a condição de as multidões assumirem o lugar de agentes políticos no contemporâneo. Claro está que o mote da entrevista eram as jornadas de junho no Brasil. Cf. <http://www1.folha.uol.com.br/poder/2013/07/1305450-protestos-recusam-representacao-politica-por-uma-democracia-real-diz-professor-dos-eua.shtml>.

políticos, o *fazimento do mundo*. Ou será que toda a insurgência haveria de ser lida por meio dos modos como opera o tom eufórico dos meios de comunicação ocidentais quando pautam o horizonte da revolução como se ela se resumisse ao fetiche da mercadoria?[7] Parece que resta à questão do interlocutor de Negri a espessa camada de um não dito, e qual seria esse não dito senão a crença de que, às bordas do fim, há um vencedor, e esse vencedor outro não seria senão o Ocidente capitalista? A questão, a saber, é: onde estavam os que rechaçavam, desde dentro e de baixo, aquele experimento que ruía? Onde estavam – e onde estiveram – quando o encerro se destilava sob o tom gris da constrição? Estariam parados, estagnados, desejosos tão somente do que supostamente lhes faltava? Será que eles padeciam tão somente da vontade de ocidentalizar-se? Outra camada de não dito à questão do interlocutor de Negri: será que lhes faltava esse outro, será que lhes era impróprio e alheio o experimento da expropriação de capital que, na modernidade, irá desandar nas formas de centralidade do poder, da forma-Estado, da gestão das massas alienadas pela submissão às regras das relações de trabalho assalariado? Faltava-lhes esse cenário? Faltou-lhes um único dia? Estavam/estiveram eles à margem do moderno, equidistantes de sua gênese e de sua concreção, origem e destinação, ou da sua razão de Estado, isolados nos confins, num afora dos modos pastorais do poder em sua produção de subjetividade coletivo-individual que Foucault tão bem descreveu? Não estariam à subsunção real do social aos modos de gestão do capital/Estado? Não estariam nos altos fornos da história que os queimavam, eles também uns carvoeiros, operadores de minas, sabotadores do que se lhes vilipendiava, eles mesmos atores do que se lhes rebatia, eles mesmos corpos entre corpos, forças em relação a forças, poderes em meio a poderes, *tudo em disputa, tudo em confronto, tudo em conflito*, o agonismo como signo-sintoma, e por vezes, a insurreição, a insurgência como um tiro certeiro, o assalto que é desde a multidão?!

---

7. Ver reportagem intitulada "Memória da Rede Globo" sobre a queda do Muro de Berlim: <https://www.youtube.com/watch?v=7w7FWS_CHP4>.

2.

Pergunta-se a Negri se *ainda* o comunismo. *Ainda ele nisso?* Claro está que a ênfase a ser dada é no "ainda". Como se fora de um sonho que se teve quando imberbe, as calças curtas das bravatas, mas que, passado o tempo, não seria a hora de a quadratura do real lhe cair como princípio e prova da desventura de outrora? Comunismo como doença infantil da espécie sob o prisma do revisionismo de arrependidos – afinal, cresceram, tornaram-se responsáveis, amadureceram a sua perspectiva, largaram o radicalismo maniqueísta, conquistaram uma colocação a si, e então que a retórica de que "o ajuste é sempre possível, basta que se tenha boa vontade de fazer funcionar as urgentes reformas institucionais" passa a servir como "boa nova" aprumada no salão dos bem pensantes. Confusão de princípios, de enunciados, ou má-fé dos que vendem a torto e a direito o prato frio do mesmo receituário – porque, uma vez mais, se faz ver nesse receituário a *autonomia do político* em relação ao processo constituinte que é *desde os coletivos, os trabalhadores, a multidão.* Porque há de se impor a antinomia entre a paz e a guerra, entre o Estado e a condição da barbárie na qual as hordas se golpeiam, porque há de se impor o centro/cetro/palácio, e afora, *en la llanura de las Pampas*, os abjetos. Porque há de se impor a cisão/hiato sob o modo da potência expressiva e constitutiva que deve, desde as massas, ser delegada ao "conforme" da representação, eleita e referendada sob o formato da Lei – democracia forjada, o limite e o equilíbrio entre as partes desde cima para baixo: o Juiz a proferir a sentença e, por vezes, tantas vezes, a polícia, a sua polícia, mantendo a ordem. O que se quer e o que se quis com isso? Todavia, o tempo não é de um bloco encerrado que ele opera. Todavia, o tempo não é o tampo da história que se trespassa por um salto de uma *epistéme* a outra como se fora de um acender e de um apagar de lanternas mágicas, de um jogo a ser operado em ilhas de edição sob a batuta do timoneiro oficial de quaisquer que sejam as Companhias das Índias Orientais na costura de enredos que adormeçam as crianças. Michel Foucault nos ensinou o trabalho minucioso da genealogia: operar os meandros, as nuances dos jogos, ao gris das conveniências, aos desvãos da memória de Estado. Operar desde filiações bastardas, desde as inscrições que se levantam à história dos infames bem mais do que aos registros dos clássicos da teoria política – *comumente estes tiveram a si as tarefas encomendadas pelas dinastias ao poder.* Fundamental que se tome os depoimentos desde os partícipes – história oral desassistida dos critérios do científico, todavia, evocada pelo dever de memória[8]. Vozes da agonia em lugar das vozes dos que jubilam. Evocar a verdade desde aí? Sequer isso. *A verdade é pássaro a voar alto singrando os azuis da metafísica.* Acessa-se, por outro lado, as narrativas dos que estiveram nos conflitos – povoados de silêncio e de loquacidade, despejada de ausência e obliteração. Acessa-se a narrativa que é a dos conflitos, a narrativa que é a das guerras, do campo de batalhas desde o qual se constrói a tessitura do real – seja a da extenuação das massas, seja a da criação de um campo o mais largo possível com relação ao mundo atravancado pelos barbarismos do presente. Esse é o campo das ações, o espaço sem transcendência no qual as vozes dos que falam são sempre as vozes dos *nenhuns.* Vozes do comum – a "realidade carregada de antagonismos, de lutas, de irredutíveis singularidades e de esperanças" (Negri in Anthropos, 1993, p. 18-19). Vozes à redenção dos que tombaram de pé, dos que levantam sob a convocatória dos companheiros – entretanto a que preço, e o preço a quem?

> Ao fim da batalha, e morto o combatente, veio a ele um homem e lhe disse: 'não morra, te amo tanto', mas o cadáver, ai! Continuou morrendo. Cercaram-lhe dois e repetiram: 'não nos deixe! Coragem! Volte à vida!' mas o cadáver, ai! Continuou morrendo. (Vallejo, 1997, p. 121)

Vozes dos encarquilhados, os resistentes – tantas vezes – diante da assimetria das forças eles se batem, os resistentes tramam motins ao oficialato, e *ainda o* comunismo – *essa palavra marcada pela infâmia,* e *ainda* o comunismo anda, ele avança na calada da noite veloz, da noite barroca em meio aos becos soturnos onde nada/ninguém, dos espectros, percebe os seus rumores, enquanto que o eco oco da voz ressurge sobressaltado:

> E acudiram a ele vinte, cem, mil, quinhentos mil, clamando: 'Tanto amor, e nenhum poder contra a morte!' mas o cadáver, ai, continuou morrendo, o

---

8. Primo Levi (2005, p. 35-36) afirma a necessidade da evocação da memória dos deportados do Lager para repor o que nos é uma suposta aberração histórica à condição comezinha e reiterada do horror que nos cabe. Nas suas palavras: "[...] recordar é um dever: os sobreviventes não querem esquecer, e, sobretudo, não querem que o mundo esqueça, porque entenderam que sua experiência não foi sem sentido, e que o Lager não é um acidente, um imprevisto na História. [...] Em todas as partes do mundo, ali onde se começa com a negação das liberdades fundamentais do homem, a igualdade entre todos os homens, vai rumo a um sistema concentracionário e essa é uma via na qual é difícil de se deter".

rodearam milhões de indivíduos com a mesma súplica: 'Fica irmão'! Mas o cadáver, ai! continuou morrendo. Então, todos os homens da terra o rodearam, o cadáver triste os viu, emocionado incorporou-se lentamente, abraçou-se ao primeiro homem e pôs-se a caminhar. (Vallejo, 1997, p. 121)

E *ainda* o comunismo,

O comunismo não é outra coisa que o grito da vida que rompe o cerco da organização capitalista e/ou socialista do trabalho que, hoje, empurra o mundo não somente para um mais de opressão e de exploração, mas para o extermínio da humanidade. (Negri & Guattari, 1999, p. 20-21)

Vozes da *des-utopia* que sequer acenam a um depois que lhes fosse impróprio e incongruente, vozes que acenam ao trabalho constante por sobre a matéria imolada do presente. Depoimentos como os de um Negri, narrando, ele mesmo, para a cena do ano de 1989, o da queda do Muro, não o descaso em relação ao comunismo como um possível alumbrado desde já à deriva ou à derrapagem, tampouco Negri se coloca, como tantos, aos modos da elegia à história que se completa sob o triunfo do ocidente capitalista.
Aqui é Negri quem diz:

1989: cai o muro de Berlim. A guerra, primeiro era a quente, depois a fria, acabou ontem. Minha vida, minha história são e duram como estas guerras. Primeiro a sofri, depois participei dela. E a este assunto, perdi tudo. Não obstante não me reconheço entre os vencidos. Ao contrário, quando nesta guerra houve algo que vencer estive entre os vencedores: na luta antifascista pela democracia, no assalto ao céu do 1968. E no grande episódio da recon-quista da liberdade por parte dos explorados do 'socialismo real'. Venho de um mundo de barbárie: a infância eu a vivi na Itália fascista e na guerra civil hei suportado os bombardeios aliados e a fome. Dizem que a filosofia nasce da maravilha: minha vocação filosófica deve, sim, ter sido verdadeiramente precoce, sendo adolescente durante a guerra não parava de maravilhar-me por estar vivo. (Negri in Anthropos, 1993, p. 18)

Maravilhar-se por estar vivo – condição do pensar crítico e radical. Experiência de Negri, experiência de tantos. Rechaço constante do que expropria da vida sua potência de criação de mundo. Experimento do comum, experimento de muitos. Todavia, o combate é a toda hora – o confronto com as forças que vilipendiam para barrar a vida ao acesso dos pobres (expressão de Negri): mantê-los sob o rigor da ordem, sob o controle da polícia, sob o susto do contrato e sua inscrição jurídica? Lembrança de Nietzsche no último dos aforismos de *Humano, demasiado humano* – os muros de contenção da cidade começariam desde onde se encerra o deserto, e no deserto o que será que estaria senão os bárbaros como *aqueles uns que vêm do norte* – mesmo que nunca se tenha visto ou conhecido a um bárbaro, inventa-se para que o muro se faça (lembrança de Kafka e a construção da muralha da China), inventa-se sob os moldes da guerra de todos contra todos para que o Estado opere, e será descrito como se ele fosse a mediação dos que sem ele estariam condenados a padecer da mortandade, da guerra civil. Eis que então a pergunta de Negri, tomado de susto e ironia, será: se *a guerra civil não pressupõe a sociedade civil que pressupõe o Estado* que suposto seria a condição da paz universal?![9]

3.

Necessário contrapor aos espíritos de conservação o dinamismo dos processos revolucionários. Necessário desfazer a mística da paz como harmonia entre irredutíveis. Mister levantar os véus dos contratos a ver o que se opera nos bastidores. Mister baixar o pano do teatro de marionetes, quebrar a quarta parede e suspender o acordo implícito no que se divide o mundo entre o real e a ficção, entre a autonomia dos que conspiram e a passividade dos que assistem e, tão somente, sofrem. Necessário desmontar a lógica da vítima, o estar entre dois fogos, necessário romper a cápsula do refém, os inventários do sacrifício. Necessário não se render à sanha de deus e do diabo – o jogo entre eles, o acordo espúrio destilando-se até a superfície de inscrição do que se planejara. Aqui é Jó como percurso. Negri irá dizer da revolta do escravo: Jó está recusando a transcendência do juízo de deus. Jó esteve vociferando contra deus, não como quem exige os seus direitos e somente isso, Jó não se pôs à condição do reclamante que reivindica a atenção do que lhe humilha; seu território não é o da utopia que não se realiza, tampouco de um tempo suspenso o qual é *para amanhã* o dia em que haverá as condições objetivas e subjetivas para que se dê a luta revolucionária. Jó não é *foquista, leninista, maoísta* – a sua vida (que) lhe é a

---

9. A questão feita por Negri (2011, p. 45) é a seguinte: "Por que há guerra civil? Mas não é precisamente com o Leviatã, que permite o nascimento do poder soberano, que a sociedade civil se permite? E neste caso, como pode haver uma guerra civil sem sociedade civil?"

sua vida e que não pode se restringir a ser o campo de experimentação de uma luta entre dois poderes aos modos de uma guerra fria, o combate que se desloca para regiões periféricas. Jó não aceita a divisão de terras na qual seu corpo e sua vida são o que se lhe saca ao bel prazer de uma acumulação originária de capital, Jó não irá admitir que por seu corpo se *construyan las carreteras y a ellas las caminatas multitudinarias* nas quais os pequenos produtores presos às suas terras tenham de migrar à cidade industrial. Jó não se permitirá a condição de intermediário, o atravessador, um dispositivo de encaixe no qual os trabalhadores do mundo inteiro se dispersem de suas comunas a seguir, cada qual trazendo consigo a força de seu corpo e que seu corpo possa servir de instrumento de incisão, de superfície de inscrição, de terminal de operação dos saberes condicionados aos escaninhos das grandes áreas do conhecimento, e desde aí até a empiria do objeto de pesquisa que se inscreve sobre os desníveis dos editais buscando conseguir uma beca, uma colocação, um espaço de flutuação em que capitais leves sejam o ativo mais forte que os metais leves e óticos – que se utilizam nos sistemas ultrarrápidos de informação e dados – façam destes ótimos condutores às patentes e registro de competências do que antes seria esse campo vasto campo em que opera livre, solta e insurgente a criação sobreinvestida pela multidão ao trabalho imaterial de agora. Jó não quer uma cota de participação nos lucros da empresa, ele está exigindo os seus direitos constituintes de intervenção e domínio sobre a vida que é a sua. Jó está apontando à imanência como o lugar dos conflitos, o espaço das contendas, o território em que a história gira aos modos do agonismo – que é o da luta de classes. Leitura marxista do texto bíblico. Negri, um leitor de Marx. Negri, um intérprete do tempo povoado de insurretos. Espaço, tempo e modo pelo qual a pergunta pelo *ainda* do comunismo é a pergunta mais sem terra e sentido que possa haver.

Referências bibliográficas

ANTHROPOS. *Revista de Documentación Científica de la Cultura*, n. 144. Barcelona, mai. 1993.

LEVI, P. *Entrevista a si mismo*. Buenos Aires: Leviatán, 2005.

NEGRI, A. *Spinoza y nosotros*. Buenos Aires: Nova Visión, 2011.

_____. *Fin de Siglo*. Barcelona: Paidós, 1992.

NEGRI, A. & GUATTARI, F. "Las Verdades nómadas. Por nuevos espacios de libertad". In: *Las Verdades nómadas & General Intelect, poder constituyente, comunismo*. Madrid: Akal Ediciones, 1999.

VALLEJO, C. *España, aparta de mi este caliz*. Barcelona: Libros Rio Nuevo, 1997.

AUTORES

Ana Zagari é professora titular de Filosofia Social na Faculdade de Filosofia e Letras – USAL (Buenos Aires, Argentina) e Reitora pela mesma instituição. Diretora do projeto de investigação "Genealogia do paradigma ontopolítico" no Instituto de Investigações de Filosofia e Letras – USAL. Contato: ana.zagari@usal.edu.ar

André Barata é filósofo de formação, professor na Universidade da Beira Interior (Portugal), onde tem desenvolvido ciclos de estudos na área da Ciência Política. Publicou vários livros de ensaio, como *Metáforas da Consciência* (2000) e *Primeiras Vontades* (2012). Organizou os livros *Representações da Portugalidade* (2011) e *Estado social: De Todos para Todos* (2014). Contato: anndrebarata@gmail.com

André Duarte é professor de Filosofia na Graduação e Pós-Graduação em Filosofia da UFPR. Pesquisador do CNPQ. Publicou, entre outros artigos e livros, o livro *Vidas em risco*, pela Ed. Forense. Contato: andremacedoduarte@yahoo.com.br

André Queiroz é escritor, ensaísta e professor. Autor, entre outros, de *O Presente, o intolerável: Foucault e a história do presente* e de *Imagens da biopolítica: cartografias do horror*. Contato: drequeiroz2001@bol.com.br

Beatriz Dávilo é professora Titular da Universidade Nacional (Argentina). Trabalha no Programa de Pós-Graduação em Humanidades da Faculdade de Filosofia e Humanidades da UNR. Contato: beatrizdavilo@hotmail.com

Beatriz Porcel é professora Titular da Universidade Nacional de Rosario (Argentina). Especialista em Filosofia Política, com foco em Hannah Arendt. Tem inúmeras publicações de artigos e livros, na Argentina e no Brasil. Contato: bettyporcel2000@yahoo.com.ar

Guilherme Castelo Branco coordena o Laboratório de Filosofia Contemporânea da Universidade Federal do Rio Janeiro - UFRJ. Coordenador no Brasil do acordo internacional apoiado pelo Ministério de Educação da Argentina na área de Filosofia Política, que integra Argentina, Brasil Espanha e México. Contato: guicbranco@ig.com.br

Helton Adverse é Professor Associado do Departamento de Filosofia da UFMG, tem vários trabalhos publicados na área de Filosofia Política. Mais recentemente, organizou a publicação do livro *Filosofia Política no Renascimento Italiano* (São Paulo: Annablume, 2013). Contato: heltonadverse@hotmail.com

Julien Pallotta é doutor em Filosofia pela Universidade de Toulouse-Le Mirail, com tese sobre o pensamento de Louis Althusser. Trabalha atualmente com pesquisa em Filosofia Política no Laboratório de Filosofia Contemporânea da UFRJ. Contato: julienpallotta@gmail.com

Roberto Nigro é professor da Universidade de Zurique-Suíça e docente do Collège Internacional de Filosofia- Paris/França. É especialista no pensamento político de Michel Foucault, com muitos artigos e livros publicados em diversos países. Contato: roberto.nigro@zhdk.ch